Cinquième Édition

L'ART
DE
LA TOILETTE

MÉTHODE NOUVELLE

Pour tailler, exécuter ou diriger

Avec économie et élégance

TOUS LES VÊTEMENTS DE DAMES ET D'ENFANTS

PAR

Mlle PAULINE MARIETTE

Trente-huit Planches de Patrons

Quarante et une Planches de Modes tirées hors Texte

PARIS
LIBRAIRIE LACROIX, VERBOECKHOVEN & Cie
15, BOULEVARD MONTMARTRE 15,

1869

A LA

VILLE DE SAINT-DENIS

NOUVEAUTÉS

PARIS

91, 93 & 95, RUE DU FAUBOURG-SAINT-DENIS

1 et 1 bis, Rue de Paradis-Poissonnière

A LA VILLE DE SAINT-DENIS

CACHEMIRES DE SOIE

SOIERIES

ROSE-MARGUERITE
Usage éprouvé

Des Manufactures de C.-J. BONNET, à Lyon et à Jujurieux

Le noir en est brillant et velouté, l'étoffe souple et la solidité parfaite.

LE MONDE ÉLÉGANT

Il n'est plus ce temps où la haute nouveauté avait un quartier exclusif! Qu'un magasin soit situé en plein boulevard ou au centre de Paris, aujourd'hui, s'il a des capitaux à sa disposition, il s'approprie, dès son apparition, les créations les mieux réussies et les étoffes les plus recherchées.

C'est ainsi que nous voyons, à l'angle du Faubourg-Saint-Denis et de la rue Paradis-Poissonnière, le magasin de la *Ville de Saint-Denis*, approvisionné de luxueuses soieries, de jolies étoffes de fantaisie, de confections coquettes, élégantes, d'un grand style, de délicate lingerie, de cachemires, de dentelles, absolument comme pourrait l'être une maison située boulevard des Capucines.

La Ville de Saint-Denis, du reste, réalise depuis longtemps le type des grands magasins anglais, vastes bazars où l'homme, la femme et l'enfant trouvent réunis tous les objets de toilette et peuvent s'habiller des pieds à la tête.

On trouve tout ce que l'on veut dans cette maison, même ces jolis articles anglais, viennois, chinois, russes, et qui se paient fort cher ailleurs. *La Ville de Saint-Denis*, jouissant de l'immense avantage d'avoir des frais généraux beaucoup moins élevés que les magasins du centre de Paris, et faisant les affaires sur une très-vaste échelle, peut donner sa marchandise à des prix qui défient toute concurrence; le bon marché n'y existe pas seulement sur quelques objets sacrifiés, mais sur la totalité des articles; quel que soit l'objet acheté à *la Ville de Saint-Denis*, on est toujours certain de payer meilleur marché que partout ailleurs.

Voilà l'explication du succès toujours croissant de *la Ville de Saint-Denis*.

Comtesse DE MARLY.

ENVOIS D'ÉCHANTILLONS dans toute la FRANCE, la BELGIQUE et la SUISSE

Expéditions en province, Belgique et Suisse

(Franc de port au-dessus de 25 francs)

1819. Imp. Parisienne, Dufour et C°, boul. Bonne-Nouvelle, 26, et impasse Bonne-Nouvelle, 5.

 L'ART

DE

LA TOILETTE

IMPRIMERIE PARISIENNE

Boulevard Bonne-Nouvelle, 26, et impasse Bonne-Nouvelle, 5, Paris

FRONTISPICE DE L'ART DE LA TOILETTE

TOILETTE DE MARIÉE

L'ART
DE
LA TOILETTE

MÉTHODE NOUVELLE

Pour tailler, exécuter ou diriger

Avec économie et élégance

TOUS LES VÊTEMENTS DE DAMES ET D'ENFANTS

PAR

MLLE PAULINE MARIETTE

Trente-huit Planches de Patrons

Quarante et une Planches de Modes tirées hors Texte

PARIS

LIBRAIRIE LACROIX, VERBOECKHOVEN & Cie

15, BOULEVARD MONTMARTRE 15,

1869

A MA MÈRE

J'ai voulu, par ce travail assidu, ingrat et long, me rendre utile à toutes et en même temps agréable aux personnes riches, en leur fournissant l'occasion d'occuper chez elles de jeunes ouvrières, préservées ainsi des dangers de l'atelier.

Avant de savoir si le succès couronnera mes efforts, je viens, ô ma mère chérie, mettre cette œuvre sous ton patronage, et t'en faire l'hommage, en reconnaissance de tous les soins dont tu m'as sans cesse entourée. Qu'il soit une faible récompense de tes vertus et de celles que tu t'es efforcée de faire germer dans mon cœur! Il est, du reste, le résultat des inspirations heureuses qu'ont fait naître dans mon âme tes sages conseils et ta tendre sollicitude.

Pauline Mariette.

PRÉFACE

L'art de savoir tailler un vêtement fait son élégance, sa grâce et sa beauté. Les robes des dames surtout demandent une exactitude très-grande, pour que, dans l'opération de la coupe, il ne tombe pas des restes inutiles, qui deviennent toujours onéreux. Or, tailler une robe sans être exposée aux dégâts d'étoffe est un avantage prodigieux. Pour arriver à ce résultat, j'ai pensé que le corps humain ayant ses proportions réglées, il en découlait une conséquence infaillible : c'est que, pour le vêtir gracieusement, il était de toute nécessité d'agir suivant les règles de ses proportions. Cette pensée m'a amenée à fixer et déterminer ces règles par un principe mathématique.

Après un travail long et sévère, mûri par l'expérience, je suis arrivée à un but que je n'avais même pas osé espérer. Le résultat a dépassé mon attente. Les infirmités et les disproportions corporelles disparaissent presque devant notre système. C'est dire qu'il a véritablement triomphé de toutes les difficultés : on en jugera.

Par lui, toutes les dames peuvent tailler elles-mêmes leurs vêtements dans le genre qui leur plaît, et d'une manière aussi facile que certaine.

Nous avons aussi le ferme espoir d'avoir rendu un service signalé aux personnes qui s'occupent spécialement de la confection des vêtements féminins. Les encouragements que nous avons reçus à la suite de la publication des éditions précédentes nous ont prouvé que nous avions fait une œuvre utile.

Puisque notre intention a été comprise, nous sommes largement récompensée et nous avons atteint le point le plus attrayant de notre but.

A MA FILLE

I

LE FIL

Pour célébrer ton arrivée au château, ta bonne maman a donné une fête brillante... Je reconnais bien là ma chère mère : maladive et isolée, elle a voulu te montrer que si tu as quitté la tienne, pour aller dans son manoir l'entourer de tes soins, de tes caresses, pour répandre cette animation et cette vie que la jeunesse porte avec elle et communique à tout ce qui l'approche, elle ne te fera manquer ni de société ni de plaisirs.

A son âge, on a besoin de distractions; on se reporte vers les plaisirs que l'on ne peut prendre, mais que l'on aime encore parce qu'on les procure. C'est pour cela que, tout entière aux fêtes de bonne maman, je crains de te voir négliger les principes que les maîtresses de ta pension ont mis tant de soins à t'inspirer. Pour que rien de semblable n'arrive, je laisserai à bonne maman le soin de tes récréations, et je me chargerai, moi, de compléter ton éducation par mes conseils.

Dans le monde, et de nos jours, les arts d'agrément tiennent beaucoup trop de place, absorbent beaucoup trop de temps. On néglige les choses utiles, et l'on a tort. Que de bonheur on perd! que de privations surgissent!

La danse, la musique, le dessin, la peinture même, ne sont chez la femme que l'accessoire de ce qu'elle doit savoir.

La jeune fille comme toi, mon enfant, se rend intéressante par les qualités de son cœur, devient gracieuse par ses talents réels et utiles, touchante par sa modestie et ses vertus.

Tu as été charmée d'entendre les mélodies de madame la comtesse de Beauchant, et voilà que tu t'escrimes sur ton piano; tu voudrais, me dis-tu, danser avec la grâce et la légèreté de mademoiselle de Pasbrillant, et tu vas consacrer quelques heures à cet exercice chaque semaine, et si tu le peux, chaque jour; les pastels du jeune baron de Lacouleur t'ont séduite, et ton dessin va être repris avec une nouvelle ardeur... Bien! chère enfant, j'aime ton enthousiasme; c'est de ton âge, c'est du bel âge où nous faisons provision de souvenirs gracieux pour nos vieilles années; mais n'oublions pas le vrai, le réel, le solide, ce qui constitue notre être, ce que nous devons savoir avant tout.

Souvent, plus les choses paraissent ordinaires et plus elles sont grandes, plus elles sont indispensables. La couture, par exemple. Oh! je te vois sourire avec ton petit air naïf et fin que l'on comprend, que l'on sent, mais qu'aucune parole n'exprime complétement. Je te pardonne; ris, ma chère enfant, et puissent les larmes ne jamais perler à tes yeux! Eh bien, la couture est dans la vie d'une femme, quelle que soit sa position, une des choses les plus indispensables. L'aiguille et le fil, pour la femme, c'est le travail, c'est le plaisir, c'est l'existence. Il faut savoir coudre; et cela n'a rien de mesquin. Comment la jeune fille embellit-elle sa poupée? Comment la femme du monde pourra-t-elle juger de sa toilette, y faire les modifications voulues, l'enjoliver, l'approprier à sa taille, à ses formes; apprécier les fleurs de la broderie, la finesse du fil, la finesse et la rectitude des points, leur régularité, la délicatesse des détails et le fini de l'ensemble; comprendre, dans les divers vêtements, depuis la chemise et le corset, jusqu'au châle et au chapeau, tout ce qu'il y a de talent, de patience et de goût? Que de genres de couture, que de merveilles, que de grâces, que de légèreté, que de solidité en même temps! Et la femme des champs, comment vêtira-t-elle sa famille ? Et l'ouvrière, comment aidera-t-elle au père de ses enfants à les entretenir, à les nourrir, à répandre à son foyer la joie, l'aisance, le bien-être et, par suite, le bonheur qui naît de tout cela ? La couture ! l'aiguille et le fil !...

La couture date de la création du monde. La première robe de la femme d'Adam était faite de feuilles de figuier cousues ensemble, la tradition ni l'histoire ne disent pas avec quel fil, avec quelle aiguille ; mais des épines étaient aux rosiers, aux aubépines, et à bon nombre d'arbres et d'arbustes ; mais le lin, le chanvre, la laine, et beaucoup d'autres matières textiles existaient. Ève a pu choisir, et son vêtement a été *confectionné*. Plus tard, les Reines, les Fées, les Grâces nous ont donné l'exemple de la couture.

Un prince illustre ne trouva rien de plus digne, de plus élogieux, pour éterniser la mémoire de sa compagne bien-aimée, que de faire graver, sur son tombeau, un rouet, un fuseau, une aiguille, symboles du travail. Au moyen âge, les dames brodaient des écharpes et tissaient des rubans, à leurs couleurs, pour leurs chevaliers.

Ainsi, mon enfant, la couture est de tous les temps, de tous les âges et de toutes les conditions.

Avant de te donner des détails sur les divers genres de couture, les moyens d'arriver à ce fini, à cette régularité, à cette perfection que les habiles obtiennent ; car tu sais coudre, et tu n'as plus qu'à t'exercer ; tes doigts sont nerveux, fins et souples, et tes grands yeux bleus ne sont jamais fatigués ; avant, dis-je, de te mettre à l'œuvre, il est bon de te tracer quelques notions sur les objets dont tu dois te servir.

Parlons du fil. Sais-tu comment on l'obtient ? Que de gens l'ignorent ! que de gens s'en servent tous les jours et ne savent pas s'il provient d'une herbe ou d'un tubercule.

Le fil à coudre est : chanvre, lin, coton, laine, soie.

Commençons par le chanvre, et voyons quelles transformations il subit pour arriver à l'état de fil.

Te souviens-tu de ces grandes tiges vertes qui étaient quatre fois plus hautes que les tiges des blés, et que nous allions voir souvent, pour entendre le gazouillement des milliers de petits oiseaux qui chantaient sur leurs cimes, qu'ils faisaient plier, tout en se gorgeant de leurs graines, dont ils sont très-friands ? c'est le chanvre en herbe.

Lorsque ces feuilles menues, découpées et longues commencent à pâlir vers la graine et sont jaunes près de la racine, c'est une preuve que le degré de maturité du chanvre est arrivé. Alors on l'arrache, on l'étend en javelles sur la même place où il a germé, poussé, mûri, afin de le faire sécher. Sec, on le lie par petites bottes et on le porte soit à l'étang, soit au fleuve, suivant la proximité et la convenance, pour le rouir. Pendant quelques semaines il séjourne dans l'eau, qui détrempe l'écorce et la détache du bois léger qu'elle couvrait.

Sitôt que l'action de l'eau a suffisamment décollé l'écorce, le rouissage est fini ; il faut se hâter d'en tirer le chanvre en l'agitant pour le laver ; puis le délier et l'étaler au soleil, jusqu'à ce qu'il soit parfaitement sec. Alors on le remet en bottes, et les granges le reçoivent en attendant l'hiver. Quelquefois on ne met pas rouir le chanvre dans l'eau, mais quand, après avoir été arraché, il a atteint le degré de siccité voulu, on l'étend le long des haies pour recevoir les vapeurs du soir, la fraîcheur des nuits, les larmes brillantes du matin ; et le brin qu'on obtient par ce genre de rouissage s'appelle *chanvre-rosée*. Il est plus nerveux que l'autre, mais il a moins de blancheur instantanée.

Pour séparer le brin du bois, on fait passer le chanvre entre les dents de machines construites à cet effet, qui le broient avec une voracité telle, que le bois devient poussière ; mais le brin arrive seul, au sortir des entrailles de la machine, fin, long, ondoyant.

Jadis on ne broyait pas le chanvre ; on le teillait. Je me souviens que, jeune fille, j'allais visiter les fermiers, lorsque mon noble père m'apprenait comment la nature produit, et comment l'homme tire parti de ses biens.

Un jour donc nous consacrâmes une veillée à voir teiller le chanvre.

Ce travail se faisait dans une salle immense, éclairée par une lampe noire accrochée à un long bâton de sureau, qui avait dû être blanc, mais qui ne l'était plus depuis longtemps. Cette lampe projetait autour d'elle une faible clarté dont les pâles rayons arrivaient à peine aux extrémités de la salle ; mais un bon feu flambait sur l'âtre, car au dehors soufflait un vent très-froid ; la neige avait tout couvert de sa robe glacée, et les arbres criaient en se fendant sous l'étreinte de la gelée.

Là étaient rassemblés tous les habitants des fermes du château, vieillards, femmes, jeunes filles, jeunes garçons, que sais-je ! chacun avait à ses pieds plusieurs bottes de chanvre, et toutes les mains cassaient et jetaient au milieu de la salle les bouts de bois blancs et légers qu'elles séparaient du brin, et chaque main avait un doigt où le brin venait rejoindre le brin ; et cet anneau grossissait graduellement, ayant pour chaton ou diamant comme une espèce de comète agitée. Lorsque les doigts étaient chargés et que les mouvements de tous ces bras qui s'étendaient et se rapprochaient, secouant ces longues queues à fleur de tête et au-dessus, les faisaient voltiger fantastiques dans la pénombre qu'elles formaient, il me semblait voir une multitude de jeunes filles folâtres formant des danses en livrant au vent leurs blondes et longues chevelures.

Oh ! les bonnes légendes que j'ai entendues là ! Tu vas en juger ; en voici une à propos du teillage et du broyage du chanvre : les paysans s'inspirent toujours de ce qui les occupe.

Ce fut un vieillard qui parla.

« Écoutez, mes enfants ! voici le soixantième hiver que je teille dans cette grande salle, depuis que se sont passées les choses que je vais vous dire. Il y avait à cette époque plusieurs années que les hommes, au lieu de travailler les champs, se battaient : le sang coulait sur les frontières et dans les villes ; les guerres, les révolutions et tous les démons de l'enfer s'étaient déchaînés sur la terre. Il fallait des vêtements à ceux qui se battaient, et de la charpie à ceux qui étaient blessés ; on enterrait les morts sans linceuls... Plus de fil pour tisser du linge ; plus de vieux linge pour la charpie : et l'on se battait toujours, et les hommes ne travaillaient plus ;

mais les vieillards avaient semé, et le chanvre avait poussé dru et fin dans les chènevières, et, comme de coutume, les petits oiseaux du ciel avaient chanté, chanté en mangeant le chènevis qu'ils aiment tant.

« Et les jeunes filles, les petits garçons et les vieillards, tous s'étaient réunis pour arracher le chanvre. Ils en étaient venus à bout, et ses javelles épaisses et larges couvraient la plaine; la rosée et la pluie l'avaient roui sur place ; mais personne pour le teiller... Les femmes pleuraient leurs maris, les mères pleuraient leurs enfants, les jeunes filles pleuraient sans rien dire : et les hommes se battaient toujours, et toujours il fallait du linge et de la charpie, et, comme de coutume, les petits oiseaux du ciel chantaient, chantaient en mangeant le chènevis qu'ils aiment tant.

« Tout ce qui était resté dans le village contemplait douloureusement ces tiges qui étaient belles et bien rouies, mais le découragement était dans les cœurs ; il restait peu de mains, et ces quelques mains n'avaient plus de force : et plus que jamais les hommes se battaient, et plus que jamais il fallait du linge et de la charpie ; et les petits oiseaux du ciel chantaient, chantaient en mangeant le chènevis qu'ils aiment tant.

« Tout à coup, au milieu de toutes ces femmes qui pleuraient et de tous ces petits oiseaux du ciel qui chantaient, est venu s'abattre un oiseau d'une prodigieuse grandeur. Alors les vieillards, les femmes et les jeunes filles se sont sauvés, car, n'ayant jamais rien vu de semblable, ils ont eu une grande peur; et tous les oiseaux du ciel se sont envolés sur les arbres voisins, abandonnant à leur roi le chènevis qu'ils aiment tant.

« Mais les jeunes enfants, qui n'ont pas peur et qui veulent toujours apprendre et voir ce qui pique leur curiosité, sont restés là, près des javelles de chanvre qu'on ne savait comment teiller. Alors ils ont vu l'oiseau gigantesque approcher son grand bec, plat comme celui d'un canard, et saisir avec ce bec plus de plantes à la fois qu'il n'en eût fallu pour dix bottes. A chaque becquée, il prenait cette prodigieuse quantité de tiges en travers, en commençant par le côté de la graine ; et sa voracité était telle, qu'il les mâchait jusqu'à la racine; son ardeur était si grande, que le bois volait en l'air comme de la paille battue; mais le brin, fin et souple, restait à côté de lui en un gros tas. Les enfants, qui sont toujours espiègles, qui rient de tout, qui se familiarisent avec tout, s'écrièrent : « Il « teille le chanvre! c'est le ciel qui l'a envoyé à notre secours! » Les enfants s'approchèrent et lui demandèrent son nom, lorsqu'ils virent qu'il ne mangeait plus, et lui demandèrent aussi pourquoi il ne mangeait plus. « Je suis le Génie, répondit l'oiseau, la néces-« sité m'a créé. J'ai pu arriver jusqu'ici, mais mes ailes sont fati-« guées, et mon bec plat n'a plus la force de mâcher.

« — Tu nous as sauvés, dirent les enfants!... » Les hommes se battaient encore; il ne restait plus ni linge ni charpie. Et les petits oiseaux du ciel chantaient, chantaient sur les arbres voisins en voyant leur roi qui ne mangeait plus le chènevis qu'ils aiment tant.

« Les enfants entourèrent l'oiseau, l'examinèrent, le caressèrent, et avec de petites limes ils formèrent des dents tout le long de son bec, puis ils lui firent avaler une énorme quantité d'eau, en le réchauffant avec les débris du bois de chanvre; et l'eau que l'oiseau avait avalée sortait par ses yeux en fumée épaisse, et ses ailes s'agitèrent, et son bec recommença à broyer, car il sentait en lui une force extraordinaire; et il dit aux enfants : « Vous avez donné au « Génie une vie éternelle et vous la lui renouvelez sans cesse, vous « vous appellerez le Progrès. »

« Depuis, le Génie et le Progrès remplissent l'univers; les hommes ont cessé de se battre, ils n'ont plus besoin de charpie pour les blessés, mais jamais il n'a fallu autant de linge, car la paix est née du Génie et du Progrès; le monde s'est multiplié à l'infini et ne manque de rien depuis que le Progrès est venu en aide au Génie. Et, comme autrefois, les petits oiseaux du ciel chantent, chantent en mangeant le chènevis qu'ils aiment tant. »

Le vieillard s'arrêta et toutes les voix applaudirent; les mains n'en purent faire autant, parce qu'elles étaient chargées de chanvre.

Le chanvre teillé ou broyé, il faut le tresser pour le porter au battoir, qui se trouve là près du moulin, sur le bord de l'eau. Le *battandier* (batteur), ainsi nommé dans la campagne, parce qu'il dirige le battoir, reçoit le chanvre, le dispose et retournera les tresses du chanvre arrangées par lui, sous la meule, qui va bondir dessus en tournant.

L'eau est dirigée sur les palettes, les engrenages s'enlacent, la meule tourne en bondissant, le chanvre s'échauffe, s'adoucit, perd la gomme visqueuse qui lui donnait son âcreté et sa rudesse, et sort de cette épreuve souple et onctueux pour aller aux mains du peigneur. Celui-ci le fait successivement passer, par poignées, dans des peignes dont les dents d'acier, écartées les unes des autres, sont d'abord grosses, puis un peu petites, puis plus petites, puis fines, et enfin deviennent presque imperceptibles à mesure que les brins s'amincissent, prennent de la finesse, et ainsi jusqu'à ce qu'ils soient arrivés à l'état parfait. Au sortir des mains du peigneur, les brins de chanvre réunis se nomment filasse et vont devenir fil.

Je ne te dirai pas comment ce travail s'opère, tu as vu tourner le rouet de ta nourrice, tu as tenu dans tes mains les quenouilles et les fuseaux de toutes les jeunes bergères du pays; mais on file aussi le chanvre à la mécanique, et j'aurai à te parler longuement des machines à filer, à tisser, à coudre même, lorsque nous en serons au fil de laine et au fil de soie.

II

L'AIGUILLE

Avant de te continuer mes renseignements sur le fil, je vais, pour ne pas lasser ton attention et donner un peu de variété à mes récits, te parler aujourd'hui de l'aiguille. L'aiguille est la compagne inséparable du fil. C'est elle qui ouvre sa route partout où veulent le conduire et le diriger notre volonté et nos doigts.

Celle dont nous avons à nous occuper sérieusement est l'aiguille à coudre. Il y a un grand nombre d'autres aiguilles, et je dois, en passant, te citer les principales.

L'aiguille marque la mesure et la marche du temps sur les horloges et sur les montres, qui sont des objets d'utilité en même temps que de parure.

L'aiguille dirige nos vaisseaux sur les vastes mers, et par un ingénieux travail de l'homme, nous donne, dans la boussole, les degrés de latitude et de longitude d'une manière précise, tellement que, par son moyen, le navigateur marche droit à sa destination, quels qu'en soient la distance et l'isolement.

L'aiguille des clochers de nos cathédrales s'élance vers le ciel, perçant, pour ainsi dire, la route de l'immensité, et formant un passage à la prière qui doit la traverser en tendant vers Dieu

L'aiguille, placée sur les monuments des peuples, et sur les palais des rois, va chercher, dans les nuages, la foudre qui les menace, la leur ravit, et la livre enchaînée au fil qui va la conduire dans un abîme où elle s'éteint impuissante.

L'aiguille est un être qui a vie et glisse à travers les eaux, poisson terrible et redouté, même des cétacés, auxquels il fait la guerre et livre parfois des combats toujours mortels.

Ceci me rappelle un spirituel chroniqueur qui disait naguère que l'invention de l'aiguille était un os de poisson affûté par un sauvage.

Cette idée est ingénieuse et piquante; mais la première aiguille a dû être, comme je te l'ai dit, une épine ou quelque chose de semblable, sortie directement de la création, attendu que les premières femmes ont été obligées de se servir de suite de tout ce qui leur tombait sous la main, et que le progrès s'est opéré depuis lors, mais naturellement, imperceptible les premiers jours.

Il me semble voir les épouses d'Abel et de Caïn montrant à leurs jeunes filles la couture, et comment il fallait préparer leurs toilettes. Elles folâtrent nonchalamment parmi les fleurs, la verdure, s'étendent sur le gazon, cueillent et mangent des fruits, puis butinent sur les arbres une collection des plus belles feuilles qu'elles peuvent en détacher, et des plus soyeuses, les assemblent pour s'en couvrir, et déjà aussi pour s'en parer; car je crois que la coquetterie et le goût de la parure sont éclos en ce monde sous le premier regard de la première femme.

Voilà donc toutes ces ignorantes mais gracieuses coquettes s'ingéniant à se vêtir.

La feuille du figuier a servi à la grand'mère; elle est lisse brillante, large et d'un beau vert. Malgré toutes ces qualites, on la néglige. Que va-t-il surgir? Tout à coup une des plus belles et des plus jeunes filles d'Abel arrive, légère, jusque sur la lisière de l'Éden, à l'endroit le plus frais, le plus fleuri, le plus gracieux du *square*, où étaient rassemblées presque toutes ses compagnes. Elle paraît ! surprise générale : elle est éblouissante ! son vêtement, espèce de jupe qui la ceint à la taille et retombe gracieux jusque près des genoux, est un assemblage de feuilles de magnolia, luisantes et d'un vert à reflet d'or ; ces feuilles sont cousues les unes aux autres avec des fils de liserons, qui étalent sur elles leurs petits entonnoirs bleus, roses, blancs, panachés et de toutes nuances. Applaudissement général, mitigé par une légère nuance de convoitise. En ce moment naquit la Mode, la Mode, cette déesse volage et bizarre qui nous stupéfie par ses volontés étranges, et nous y soumet avec tant de facilité. L'élan était donné : quelques jours après, toutes les jeunes filles se trouvaient vêtues de jaquettes liseronnées. Ces vêtements étaient frais et frêles. La mode n'attendit ni qu'ils fussent flétris ni qu'ils fussent usés : avec des branches de lianes, les femmes tressèrent des étoffes jaspées de leurs petites fleurs blanches. Ce fut la naissance du tissage. Alors les clématites, les liserons, les lierres, les scolopendres et toutes les plantes grimpantes furent recherchées ; on se servit même des graminées élevées ; on leur ajouta les roseaux et les joncs.

Le luxe prend, dans le genre humain naissant, une variété en proportion de ses goûts, de ses besoins et de ses lumières ; et à mesure que ces goûts, que ces besoins, que ces lumières grandissent, le luxe se développe. On marie les fleurs avec les herbes, avec les écorces. On passe des brins fins et souples au travers d'une grande quantité de pétales de roses ; on en forme des guirlandes qui, jointes ensemble par d'autres brins également fins et souples, produisent un tissu gracieux et léger, délicieux pour les beaux jours. Les premières femmes durent se servir de ces vêtements pendant un certain temps, car ils étaient variés ; et l'imagination, encore pure et fraîche, ne pouvait rien voir de plus attrayant.

Plus tard, les couleurs et la légèreté des plumes des oiseaux tentèrent la femme, qui voulait du changement, et les plumes de toutes les couleurs vinrent parer sa tête, en se mêlant à sa chevelure, et ceindre sa taille, plantées çà et là, dans une tresse de fleurs.

La froidure a fait rechercher ce qui pourrait garantir de sa pression cruelle et engourdissante, et la laine a paru remplir toutes les conditions. De là l'immense point de départ... J'aurais des volumes à remplir si je voulais suivre le progrès qui s'est graduellement et lentement opéré dans les vêtements, dans les modes, suivant les productions et les lieux, depuis la naissance de la couture jusqu'à nos jours.

Les hommes se sont prodigieusement multipliés ; ils ont envahi la terre et se la sont partagée ; ils ont fouillé ses entrailles pour en extraire les métaux et les minéraux, les sels et tout ce qu'elle renferme ; ils ont pêché les richesses de la mer ; ils se sont emparés de toutes les végétations ; ils ont asservi tous les animaux, tant pour leurs besoins que pour leurs plaisirs. L'homme s'est tout appliqué. De là, sa chaussure avec la peau du bœuf ; son manteau avec la toison de la brebis, quelquefois même avec la peau du tigre et du lion ; sa coiffure avec la soie, quand c'est un turban, avec le bronze, le cuivre, le fer, souvent l'argent, quand c'est un casque... Et chaque localité de la terre a ses modes, ses usages ; et partout la femme s'occupe de couture, et partout le fil et l'aiguille sont indispensables.

Je me suis laissé entraîner à cette petite digression, ma chère enfant, parce qu'elle m'a paru naturelle et capable de faire plaisir à ta jeune imagination.

Revenant maintenant à l'aiguille qui sert à la femme pour la couture et la broderie, l'aiguille que tes doigts dirigeront dans sa marche, je vais te tracer son histoire, dont les diverses phases et les nombreux détails ne manqueront pas de t'intéresser.

La plus modeste, la plus utile, la plus diligente des aiguilles, c'est l'aiguille à coudre.

Qui dirait, à la voir si fine, si légère, qu'elle soit si persévérante, si forte, si solide ? C'est qu'elle est bizarre, et pourtant bonne et intelligente.

L'aiguille que l'esprit aiguise est composée de sel attique. Celle que tu tiens renfermée dans ton petit étui de bois de Sainte-Luce a été extraite du sein de la terre.

L'aiguille date d'une époque très-incertaine. On a attribué les premières aiguilles aux Grecs, aux Romains ; puis les Français ont revendiqué leur part de gloire dans un pareil don fait à l'humanité. Les aiguilles anglaises ont bien leur mérite : elles sont préférables, de nos jours, à celles qu'avaient les Grecs et les Romains.

Les Anglais savent bien tremper le fer.

Les Français sont, pour cela, au même niveau, s'ils ne le dépassent pas, et les deux peuples ont des fabriques d'excellentes aiguilles.

Pour être bonne, il faut qu'une aiguille soit lisse et bien trempée.

Cette recommandation s'applique à toutes les aiguilles. Que ce soit une aiguille grosse, longue, à grand chas, pour passer la laine ; une aiguille minime, longue et fine, à chas petit, pour couler le point dans la mousseline et la gaze ; l'aiguille moyenne, un peu courte et solide, pour piquer les vêtements de drap ; l'aiguille un peu plus longue et beaucoup plus fine pour broder ; enfin, n'importe l'aiguille, il faut, dis-je, qu'elle soit bien trempée. Avec tes doigts tu jugeras de son poli, et avec tes yeux tu jugeras de sa trempe.

Pour qu'elle soit bien, ton aiguille doit avoir un reflet bleu assez prononcé. Ceci est facile à connaître lorsqu'on est averti.

Les premières aiguilles, faites de fer ou de cuivre, étaient déjà quelque chose de magnifique, et devaient être coûteuses et difficiles à se procurer, car, pour les percer et les affiler, c'était tout un problème, problème qui ne se résolvait pas toujours à satisfaction. Le hasard, non, la Providence vint apporter aux hommes ce qu'ils cherchaient vainement pour leurs compagnes, et dont ils n'avaient que de misérables ébauches.

Il est dans un coin de la terre un petit pays semé de ruisseaux, de plaines et de montagnes. Il se trouvait là des habitants religieux, mais pauvres ; simples, mais laborieux. Dans un coin de ce petit pays était un site pittoresque, gracieux, ombragé de grands arbres et rafraîchi par les eaux d'un lac, résultat d'avalanches des montagnes voisines, et qui avait la pureté de sa position. Il se trouvait placé, sur une petite éminence, une gracieuse chapelle et quelques masures propres autour. Cette localité dépendait du royaume de Savoie, devenu France aujourd'hui. Ce petit pays dans un temps reculé, a donné des reines admirables à presque tous les trônes de l'Europe. La Savoie aimait tellement la France, sa riche et puissante sœur, qu'elle lui envoyait, tous les hivers, ses jeunes garçons et ses jeunes filles pour la récréer, soit en lui montrant les animaux et les fleurs de ses vallées, soit en dansant des rondes pittoresques aux refrains composés sous les grands pins de ses montagnes, et qui étaient aussi frais qu'eux, aussi mélancoliques que leurs concerts.

Maintenant la sœur riche et puissante et la sœur modeste ne font plus qu'une reine bienfaisante et illustre, ensemble parfait d'union et d'amour.

Le petit village où était construite cette chapelle, espèce de tombeau dentelé et brodé par l'architecture gothique, avait rassemblé ses enfants, parce que l'hiver était venu, et se préparait à les envoyer soit à Lyon, soit à Paris, soit dans les autres villes de France, pour, les petits garçons se chauffer aux cheminées qu'ils auraient ramonées, les jeunes filles aller soigner, en leur montrant leurs dents blanches et leur naïf sourire, les petits enfants de leurs seigneurs.

Les parents encourageaient les enfants ; les enfants pleuraient, ne voulaient pas partir ; et cependant bon nombre ne s'en retournaient pas vers les parents, bon nombre oubliaient le hameau et la chapelle ; les garçons devenaient porteurs d'eau, après avoir été ramoneurs ; les jeunes filles servaient, comme nous l'avons dit, et quelquefois devenaient grandes dames, suivant les hasards de la vie, mais pas toujours pour leur bonheur !

Parmi cette troupe qui disait adieu à ces pauvres enfants, se trouvait une vieille femme, qui elle aussi avait été jeune, et qui jadis avait aussi quitté le pays et la chapelle, et sa bonne mère, pour aller dans les grandes villes. Mais celle-là avait gâté sa jeunesse, parce qu'elle avait été paresseuse et qu'il lui était venu de la malice et poussé de longs cheveux. Mais la jeunesse, la malice et les longs cheveux, tout cela s'en était allé, et elle était tombée dans une détresse si grande, qu'elle était revenue au hameau où était la chapelle : et elle avait tant pleuré et tant prié la sainte Vierge, que l'amour du travail lui était enfin venu : et l'amour du travail valait mieux que la jeunesse folle, la malice et les longs cheveux.

« Pourquoi chasser ces enfants? disait la vieille femme ; manque-t-il du travail autour de nous ? N'avons-nous pas à discrétion, lorsque nous avons travaillé, la pomme farineuse de nos champs, et du blé noir parfumé pour faire des crêpes le dimanche? La source de la roche tarit-elle, même dans les plus grandes chaleurs ? Et c'est la cascade qui nous l'apporte fraîche et brillante, et c'est le bon Dieu qui nous l'envoie. Travaillez ici, et lorsque vous aurez produit, ceux chez qui vous allez mendier vous apporteront leurs richesses; vos enfants resteront avec vous et notre hameau prospérera. » Ainsi clamait la vieille femme. Mais le mauvais génie est toujours à côté du bon, et sa puissance est grande. Voilà qu'un homme qui avait été ramoneur, commissionnaire et porteur d'eau se mit à crier : « Qu'ils partent ! nous n'avons que juste nos provisions d'hiver, et le bois que nous avons en plus, nous le vendrons pour avoir des vêtements. Il n'y a rien à faire ici pendant la mauvaise saison ; il faut que les enfants partent, puisque nous sommes partis autrefois. » La vieille femme reprit : « Vous ne pouvez rien faire? et créer, et perfectionner des outils pour vos travaux, pour l'industrie : ce n'est donc rien, cela? Vos femmes et vos filles ne savent que filer ; faites-leur des aiguilles, elles coudront, et vous aurez des vêtements gracieux et chauds. Notre sol produit du fer, faites-en de l'acier ; j'en ai fait l'expérience et je vous le montrerai. Les aiguilles sont mal faites partout, et même peu de localités peuvent s'en procurer ; nous n'en pouvons avoir ici, mauvaises qu'elles sont. Je m'en suis fait pour moi, et vous n'avez seulement jamais pensé à me demander comment je cousais vos habits, moi qui vous les fais ; comment je les rajustais quand vous les déchirez à travers les rochers et les bois. Eh bien, voyez !... faites cela, et je vous garantis l'avenir. » Alors, elle montre une aiguille fine, pointue, lisse, brillante, percée d'un trou imperceptible et parée d'un beau reflet bleu.

La vieille femme leur raconta le hasard qui lui avait fait découvrir le fer. Elle faisait du feu, pour se chauffer, dans une crevasse de la montagne, à un endroit où la terre se trouvait noire, lourde et scintillante, et non loin de la source qui fournissait l'eau au hameau; car cette onde courait en un petit ruisseau devant le lieu où la vieille femme faisait son feu. Le bois abondait, la vieille femme en profitait; un grand feu flambait, flambait tellement, que le sol était comme en fusion. La terre noire était devenue rouge et liquide : ce que voyant, elle avait écarté le bois, éteint le feu; la matière rouge se durcit au contact du froid. A tout hasard, elle prit, au moyen d'un bâton fourchu, le bloc brûlant et malléable et le jeta dans le ruisseau ; l'eau écuma, mordue par le fer rouge, et le fer rouge cria, en jetant un millier d'étincelles. C'étaient deux éléments en lutte : le feu attaché à la proie qu'il dévorait; l'eau qui voulait la lui ravir; combat étrange, où la douceur et le calme ont vaincu la violence... Le bloc brunit, se refroidit, et lorsqu'il fut devenu froid comme l'eau, qui lui avait donné sa propre température, la vieille femme l'ayant retiré, il était dur comme du diamant...

Tu connais mon enfant, la fabrication des aiguilles, tu l'as vue; aujourd'hui, on a atteint la perfection, et cette intéressante industrie occupe aujourd'hui des milliers de personnes qui trouvent dans ce travail quelquefois la richesse, mais toujours le bien-être et la considération.

III

LE LIN, LE COTON, LA LAINE

Mon enfant,

J'ai quitté les matières textiles pour te parler des aiguilles. Revenons-y aujourd'hui. Le lin, dont le brin dépasse la finesse du chanvre, mais qui n'en a pas la force, reçoit à peu près les mêmes préparations, lui ressemble en tout, soit pour la culture, soit pour le produit, et il arrive à l'état de fil de la même manière, pour devenir toile, broderie, suivant la destination que l'industrie lui donne. Le chanvre et le lin sont donc frères et se donnent souvent la main, soit qu'ils croissent dans les mêmes parages, soit qu'arrivés à l'état de fil, ils soient enlacés ensemble, mêlant ainsi leurs qualités pour les augmenter en faveur de l'homme, de l'homme! enfant gâté de Dieu, qui le regarde, pour ainsi dire, se rouler dans toutes les merveilles de la création, les appliquant toutes à ses jouissances, quelquefois les jetant ou les détruisant, hélas! comme un enfant fait d'un jouet; quelquefois faisant pis : s'en servant contre soi-même!

C'est la guerre d'Amérique qui m'a suggéré cette dernière pensée. Il arrive de temps en temps d'étranges bouleversements. Les hommes, pris de vertige, ivres d'une opinion bonne ou mauvaise, d'une idée rationnelle ou fausse, juste pour les uns, injuste pour les autres, suivant leurs habitudes ou leurs mœurs, se ruent par millions les uns contre les autres, sans se connaître et sans se haïr, font hurler l'airain par le feu, et de mille volcans embrasés se vomissent à la face le bronze, le fer, le plomb, gros comme des rochers, multiples et serrés comme les grêlons d'un nuage sombre qui se fond, fulgurants comme les éclairs, résonnant comme les tonnerres, frappant comme la foudre. Puis des javelles de morts sous des javelles de blessés; des cris de douleur, de désespoir, de rage, de victoire, de gloire, de triomphe, et mêlés à cela, le combat corps à corps, le bruit du fer aiguisé écartant le fer pour chercher l'homme, et tout cela criant, hurlant, frappant et tombant dans un effroyable pêle-mêle. Et les milliers de chevaux passant comme des rafales, avec leurs cavaliers sabrant ce qui est debout et foulant ce qui est couché; puis, le silence, l'effroi, la mort partout... Le carnage a passé. Voilà la bataille! voilà la guerre! horrible fléau!!!

Regarde ces plaines immenses, cette végétation luxuriante et verte, uniforme et paisible, se chauffant, croissant sous le regard d'un soleil bienfaisant. Ces vastes plaines sont plantées d'un arbuste modeste qui remplit le monde de ses trésors. Ces plaines immenses sont le nouveau monde; cet arbuste, c'est le cotonnier. Le ciel est bleu, la plaine est verte. Deux mers en face l'une de l'autre; l'une d'azur qui repose son regard sur la mer verdoyante, et la verdoyante qui s'épanouit sous l'influence féconde de la mer d'azur.

De verts, les cotonniers jaunissent, puis étalent en flocons légers et vaporeux leurs nuages de laine, blancs comme l'écume qui fleurit sur la crête de la vague; et ces millions d'arbustes serrés et de la même hauteur forment, à perte de vue, une vapeur blanche que le soleil a fait surgir de la terre, mais qui y reste attachée.

Quelle est cette multitude d'hommes, de femmes, d'enfants?... Ce sont les gens des planteurs, leurs domestiques, leurs esclaves.

Ils vont faire la récolte du coton. Les uns emplissent des sacs, les autres des corbeilles; tous les ustensiles sont bons. On fait des tas immenses; on transporte à dos et sur des voitures le coton cueilli, jusqu'aux habitations des planteurs. Là, au moyen de formes et de presses, on compose des faix du poids de cent à deux cents kilogrammes, que l'on nomme balles. Le coton est là, très-serré en carré et enveloppé d'une toile grossière. C'est sous cette forme qu'il est expédié dans le monde entier, jusque dans les localités les plus reculées et les plus modestes.

Le coton est le vêtement de l'univers, tant il est abondant et commode, tant il se prête à toutes les volontés, à toutes les fantaisies, à tous les besoins. Quatre ans de guerre en Amérique ont détruit des millions de balles de coton, tant par le feu que par l'eau; des milliards de cotonniers, en les écrasant sous les roues des caissons, des canons, des chars de toute espèce, sous les pieds des fourmilières de combattants qui couraient constamment d'un lieu à un autre, et dont les chocs anéantissaient jusqu'au sol, qu'ils creusaient pour faire des épaulements, des remparts et des embuscades, qu'ils labouraient avec les boulets dont ils les pavaient, mais qui ne l'engraissaient pas. Et personne ne travaillait les champs. Les planteurs étaient chefs; les esclaves soldats. Et le monde manquait de vêtements. Les villes manufacturières mouraient de faim, n'ayant plus de coton à carder, à tisser, à envoyer à ceux qui avaient de l'argent et qui étaient nus. Mais la paix a reparu dans le nouveau monde. L'espérance a ranimé ses enfants, et l'arbuste bienfaisant va nous donner ses trésors comme autrefois, car tout est revenu au même point; rien n'est changé, ni opinion, ni idée, ni mœurs, ni coutumes!... Seulement, les hommes avaient le vertige, et ils se sont battus; et ceux qui étaient dans les autres continents, et qui n'étaient pas ivres ni fous furieux, ont été victimes des destructions qu'avaient faites les batailles. Aujourd'hui mille vaisseaux sont frétés et chargés de coton, et se dirigent sur toutes les extrémités du globe. Le mal sera bientôt réparé, car la nature est riche. Vois, mon enfant, l'ouvrier a une blouse neuve; c'est du coton. La comtesse et la marquise ont des jupes éclatantes de blancheur, plus amples que l'envergure d'un vautour, et chargées de broderies; c'est de la percale. La percale, c'est la fleur du coton, ou plutôt c'est le fil le plus fin qu'on en a obtenu. Merci à toi, riche abrisseau qui enrichis le monde, le couvres et le nourris. O nature, que tes productions sont belles! O Créateur, que tes ouvrages, que tes desseins sont grands! Tes largesses sont incompréhensibles comme ton essence, infinies comme ton être.

Montons avec M. Nadar dans la nacelle d'un *Géant* quelconque, jusqu'à une hauteur suffisante pour distinguer ce qui se meut sous nos pieds, et avec notre imagination jetons l'ancre dans l'espace pour demeurer immobiles, tandis que la terre opérera, sous nos pieds et sous nos yeux, sa révolution ordinaire, ou plutôt sa rotation. Nous sommes arrivés, l'ancre est jetée... Vois-tu, mon enfant, ces montagnes qui s'approchent? Elles appartiennent à la noble et fantastique Espagne; c'est l'Andalousie, une de ses riches provinces, qui produit les coursiers pour les batailles, et surtout la laine pour les étoffes. Entends-tu les mandolines des bergers et le bruit des castagnettes des bergères qui dansent sur la pelouse de leurs montagnes, en surveillant les troupeaux de mérinos errants sur leurs cimes, et paissant leurs herbes? C'est une riche toison qui croît sur le dos de ces brebis, de ces béliers; c'est la robe du moine, la soutane de l'évêque, le manteau de l'alcade, la mantille de la prima donna, et la couverture du lazarone. Tourne tes yeux, mon enfant; vois ces autres montagnes qui ne sont pas chauffées par les rayons du soleil autant que celles de l'Espagne. Ce sont celles de la Saxe. Là aussi nous apercevons des troupeaux; là aussi la France vient acheter des toisons pour ses filatures, pour ses draps! Et celles-ci, que tu vois dans la brume? Ce sont les montagnes de la vieille et hospitalière Écosse, où a régné la belle Marie Stuart, qui paya de sa tête cette royauté tant enviée. Entends-tu les bardes de ces montagnes vertes, qui chantent les exploits des guerriers morts? Les esprits voltigent sur les nuages, et les pâtres les aperçoivent de leurs cabanes et entonnent des lais plaintifs ou belliqueux, suivant la pensée qui les anime, tandis que broute le troupeau et que la laine croît pour le plaid du pâtre comme pour le plaid du guerrier. Voilà l'Afrique qui passe avec ses tentes, ses chameaux, ses troupeaux nombreux; vois-la, portant ses laines de Constantine et de Tunis. Ces laines, on les file peu, elles servent pour nos couches; elles sont fines et fortes, et résistent à la pression par leur élasticité. Les Arabes cependant filent à leur manière, et, avec le poil du chameau, tissent quelquefois leurs burnous.

Voici la Syrie qui s'efface sur notre gauche; on l'aperçoit encore. Beyrouth fume sous le canon de la flotte anglaise : cinquante mille balles de laine ont été la proie des flammes. La Syrie produit aussi quantité de laine, dont l'emploi est à peu près celui de la laine d'Afrique. Elle est plus souple, plus longue, plus fine, mais moins frisée, moins élastique et moins nerveuse.

Maintenant c'est l'Océan qui passe sous nos pieds; l'Océan avec tous ses vaisseaux, qui flottent dans toutes les directions. C'est le chanvre écru qui va faire les cordages de la marine américaine. C'est le lin, qui est sorti de l'Italie et de la Flandre, et qui s'entrecroise. Ce sont toutes les marchandises qui s'échangent, les marines qui se surveillent, les convois que la vapeur traîne. Que c'est beau, la mer! que c'est beau, la navigation!! J'aurai à t'en parler, mais ce n'est pas le moment. Les dernières vagues disparaissent : voici venir un continent. Quelles sont ces contrées? Ce sont les Indes. Cherchons ce qui nous intéresse. Vois-tu ces villes neuves et superbes? Il semble qu'elles viennent de pousser dans cette belle vallée; tout y est propre, tout y est gracieux, tout y est beau. C'est la vallée de Cachemire. Elle a donné son nom à cette belle cité, qui, à son tour, a donné le sien aux châles dont nous sommes fières de nous couvrir, et dans lesquels nous aimons à nous draper. Là il y a des manufactures, des filatures; il y a tout.

Regarde ces montagnes qui la couronnent : on les dirait couvertes de moissons animées : il semble que le vent court sur les épis, et les fait onduler. Regarde bien, mon enfant, elles s'approchent, elles vont passer sous nos yeux. Ce sont les montagnes du Tibet. Ces moissons qui paraissent onduler sous la pression de l'air, ce sont d'innombrables troupeaux de moutons dont la laine est fine comme les cheveux, forte comme des fils de laiton, blanche comme le lait des Alpes, souple comme le fil de l'araignée. C'est avec cette laine que les Indiens font les merveilles que nous voyons ici, ces châles magiques dont la quadrature ferait une tente pour trente Arabes, et dont la souplesse et la finesse sont si grandes qu'ils passent facilement dans un anneau d'un doigt de femme. Tu as vu tisser les châles soit à Paris, soit à Lyon. C'est merveilleux. Ici ce n'est pas le même genre de fabrication. Les Indiens mettent beaucoup plus de temps pour faire un châle : quand la laine est filée et teinte, le châle est dessiné en six ou huit parties; chaque ouvrier se charge d'une; l'un fait un bout, l'autre un carré, celui-ci, la rosace. Et lorsque chaque ouvrier a fait sa tâche, tâche qui dure des années, tous ces morceaux sont ajustés et cousus ensemble, et donnent ce tout admirable dont je viens de te parler. C'est le *nec plus ultra* de la parure, en fait de laine.

Maintenant ouvrons le parachute et laissons-nous glisser dans notre appartement. Demain je te parlerai de la soie.

IV

LA SOIE

La soie! ce mot frappe mon imagination de tant de merveilles, que je ne sais par lesquelles je dois commencer.

Dans la création se trouve un arbre aux feuilles luisantes et dorées, aux fruits blancs, noirs, rouges ; qui devient grand comme le chêne. Les oiseaux mangent son fruit ; la fourmi même et les insectes font comme les oiseaux ; et les enfants, qui aiment la douceur dans les fruits, imitent les oiseaux et les insectes : seulement il arrive que ces derniers, après avoir mangé à poignées la mûre noire, ressemblent, avec leurs figures barbouillées, à de petits négrillons qui jouent dans la savane, à de petits ramoneurs qui crient dans nos rues : *haut en bas!* et dont on n'aperçoit de blanc que les deux rangées de perles de leur bouche et la bordure de leur prunelle.

Pendant bien longtemps les fruits seuls étaient mangés ; les feuilles restaient toujours intactes et vertes, jusqu'au moment où l'hiver les faisait jaunir et tomber. Jamais insecte n'avait touché cette feuille ; jamais oiseau ne lui avait donné un coup de bec : l'homme n'en avait que faire, les animaux n'osaient y toucher. Pendant bien longtemps l'homme pensa que cette feuille était inutile ou tout au plus nécessaire à parer le mûrier et à récréer nos yeux. Le bon Dieu, qui partout avait uni l'utilité à la beauté, lui avait réservé, pour ainsi dire une surprise, et dans sa munificence il lâcha dans les airs un papillon d'une rare espèce, qui jusqu'alors, était demeuré dans le ciel, occupé à faire des ailes pour les séraphins. Ce papillon, après avoir voltigé quelque temps, cherchant où il devait se poser, aperçut le mûrier, et n'hésita plus. Le voilà sur une branche, sur une feuille qu'il semble palper avec sa trompe et caresser de ses ailes, avec amour. Là finit son existence éphémère, après avoir déposé sa semence sur la branche du mûrier. Cette semence passa l'hiver inaperçue, et lorsque le printemps vint sur la terre pour vivifier tout germe, faire éclore toute semence, son souffle féconda la graine du papillon. Alors des milliers de petits vers naquirent sur le mûrier avec la première pousse de ses feuilles; et les petits vers mangèrent les feuilles naissantes et grossirent ; et à mesure que les feuilles du mûrier poussaient, les vers mangeaient. Enfin, se trouvant bien repus, ils s'endormirent. Les feuilles du mûrier poussèrent pendant leur sommeil; les vers, s'étant réveillés, recommencèrent à manger avec une nouvelle ardeur. Les feuilles étaient larges, fermes, savoureuses ; tellement que les vers, qui étaient si nombreux et qui les croquaient à belles dents, dévoraient avec une si grande avidité que le bruit qui résultait de leur vorace gourmandise ressemblait à celui que fait la pluie quand elle tombe, fine et serrée, sur le feuillage.

Ceux qui passaient sous ce mûrier, entendant ce bruit de pluie et n'en ressentant pas les gouttes, levèrent la tête, et ils virent le mûrier chargé de vers et presque dépourvu de feuilles. Ils furent d'autant plus étonnés que jamais ils n'avaient vu toucher à cette feuille, et pensant qu'il y avait là quelque chose d'inusité, ils laissèrent les vers à leur repas. Ils remarquèrent que les vers étaient transparents comme de petits vases de cristal remplis d'une liqueur dorée, et s'en allèrent. Quelque temps après ils revinrent, et trouvèrent le mûrier garni de papillons qui voltigeaient dans ses branches et autour de lui, qui se posaient dessus. Nouvel étonnement. Ils repartirent, mais à la troisième fois qu'ils vinrent, n'apercevant plus ni vers ni papillons, et n'entendant aucun bruit de pluie tombant sur le feuillage, ils ouvrirent de grands yeux et virent les branches du mûrier couvertes, de petits glands jaunes, blancs, blonds, légers, doux au toucher et entourés de fils si fins, si fins, que leurs yeux ne les auraient pu distinguer s'ils n'avaient été multipliés à l'infini et croisés les uns sur les autres mille et mille fois. Les femmes pensèrent aussitôt que cela pourrait se filer comme le lin et le chanvre ; et que c'était tout roui, tout teillé, tout battu ; qu'il n'y aurait qu'à prendre. Les femmes emportèrent les petits glands avec les fils qui se trouvaient autour. Après avoir bien examiné, elles comprirent que les fils, se joignant toujours de plus en plus, formaient cette petite enveloppe qui ressemblait à un gland creux et percé. Elles humectèrent ces petits glands avec de l'eau tiède, pour les rendre malléables et en débrouiller le fil. Les femmes en tirèrent considérablement, et si fin, si fin, qu'elles joignirent plusieurs brins ensemble, et obtinrent pour la couture du fil, très-fin encore, très-glissant et surtout très-fort. Elles étaient enchantées; une seule chose les contrariait : le fil était rompu à la petite porte par où avait passé le papillon, pour sortir de sa prison, et c'était bien dommage... Alors chacun chercha le moyen pour obtenir le fil dans toute sa longueur. On avait un an pour réfléchir. La semence fut laissée sur le mûrier et l'on n'y pensa plus. Mais quand le printemps revint, quand la pluie se fit entendre sur le mûrier; les femmes se consultèrent, et après une longue délibération où tous les avis furent recueillis, elles s'arrêtèrent à celui-ci : aussitôt que les vers paraîtraient avoir terminé leurs maisons, on se hâterait de les arracher de l'arbre ; on débrouillerait le fil, ce qui se ferait facilement, et les papillons seraient délivrés sans gâter leur prison en se sauvant. Tout cela fut exécuté ; mais la moitié des papillons était à peine délivrée, que l'autre moitié avait fait sa percée et prenait son vol, au grand déplaisir des femmes. Depuis, un moyen bien cruel fut inventé par ce sexe dont, hélas ! nous faisons partie, ma chère enfant, mais la nécessité l'a dicté. Lorsque les petites maisons où les vers se cachaient pour devenir papillons, et qui furent appelées cocons, étaient détachées des branches du mûrier, on allumait du feu dans les fours où l'on cuit le pain et l'on y glissait en monceaux les cocons avec leurs habitants : ceux-ci étaient étouffés, et l'on ne craignait plus la rupture du fil. Pour ne pas éteindre la race, les femmes conservaient quelques cocons, des plus blancs et des plus beaux, et laissaient les vers sortir en papillons pour aller déposer leur semence, et préparer, assurer ainsi la récolte du printemps à venir. C'est surtout avec les cocons percés qu'on fait le fil à coudre, comme aussi avec les cocons doubles, ceux qui ont été filés par deux vers. Je viens de te tracer rapidement l'invention de la soie.

Les choses sont bien changées aujourd'hui. La soie est devenue d'une importance si grande que l'homme a tout employé pour arriver à sa perfection, et je crois qu'on peut dire qu'il l'a atteinte.

Maintenant le ver se cultive : l'homme a bâti de grandes maisons où il fait naître, vivre, mourir le ver. Il lui donne sa nourriture en la lui proportionnant ; il lui mesure jusqu'à la chaleur. Ces grandes maisons sont nommées des magnanières. Au sortir de ces magnanières, les cocons sont livrés aux filatures, puis deviennent *soies gréges*, soies ouvrées, soies teintes, soies étoffes, soies vêtements. Je ne te donne pas la description de tous les petits détails des préparations par où passe la soie, il faudrait un volume pour les expliquer et cela deviendrait ennuyeux pour toi qui le lirais, comme pour moi qui aurais à l'écrire. Les principales sont la teinture et le tissage.

Lyon, la seconde ville de France par sa population, la première par sa fabrique de soie, compte en moyenne cinquante mille ouvriers pour le travail de la soie. Le Rhône délaye les couleurs pour la teindre, le dessinateur les organise, et l'ouvrier fait l'étoffe.

Dans cette ville populeuse, arrosée par un grand fleuve et par une rivière aussi puissante que lui, s'est trouvé un pauvre ouvrier, un simple enfant du peuple, ce qu'on nomme à Lyon *canut* [nom qui vient d'un petit carton rond autour duquel est enroulée la soie et qu'on nomme canette, lequel est introduit dans la navette, qui le fait glisser (*trame*) entre les fils tendus qu'on nomme *chaîne*, pour les lier et produire l'étoffe, qui alors prend nom de *pièce*]; ce *canut*, dis-je, par une combinaison de trous faits à des feuilles de carton, a trouvé le moyen de faire naître sur l'étoffe, en la formant, à mesure que la trame passe, des feuilles de toutes formes et de toutes nuances, des fleurs de toutes nuances et de toute beauté, des fruits comme ceux que la nature nous donne quand ils viennent à point, toutes les couleurs avec leurs lumières et leurs ombres, tous les reflets, depuis le soleil jusqu'à la nuit; puis des dessins de toutes sortes, des monuments, des points de vue, des forêts avec leurs habitants, des montagnes et des vallées, des archipels avec les promontoires, des océans avec leurs navires, des enfants avec toutes leurs grâces, des femmes avec toutes leurs beautés.

Et cet homme a failli être victime de son génie ; ses compagnons voulurent le précipiter dans le fleuve qui lave et teint leur soie : heureusement que le génie de l'empereur Napoléon Ier, malgré tous ses travaux et toutes ses victoires, découvrait partout le mérite. Jacquard fut sauvé, conduit à Paris, félicité par l'Empereur, pensionné et décoré. Il mourut à Oullins, joli village sur les bords du Rhône et de la Saône, où il passa une grande partie de sa vie dans une humble médiocrité, et pratiquant, malgré son état modeste de fortune, une bienfaisance aussi grande que son génie. L'homme meurt, le génie est immortel. Les fils de ceux qui voulaient précipiter Jacquard dans le Rhône lui ont élevé des statues sur ses bords.

Lyon, unique pour la fabrique et le travail de la soie, fournit le monde de ses inimitables étoffes.

Saint-Étienne, riche ville de France par sa manufacture d'armes, possède, en fait de soierie, la suprématie pour les rubans. Je ne saurais t'en tracer l'image ni t'en donner l'idée; nulle comparaison n'est possible. Ils sont aussi grands que l'arc-en-ciel, et plus beaux.

Lyon et Saint-Étienne, deux villes qui se joignent par la première voie ferrée qui a posé ses rails sur le sol français, tirent leurs soies des Cévennes, de la Savoie, du Piémont (je dirai maintenant de l'Italie); et pour les étoffes supérieures, du Levant, c'est-à-dire de la Syrie, de la Turquie, de la Perse, de toute l'Asie Mineure.

Lyon nous fournit les soies à coudre, et ses produits en ce genre n'ont point de rivaux. Que te dirai-je? La soie devient velours, se déploie sur les épaules des pontifes, des empereurs, et pare les autels de la Divinité.

Maintenant, ma chère enfant, que je t'ai initiée aux principales choses d'où dérive la couture et qui la motivent, je t'envoie un travail précieux que j'ai composé avec beaucoup de peines et qui m'a coûté de longues veilles. Tu verras dans ma préface le but et la portée de cet ouvrage, et je me fais un plaisir de te l'adresser, maintenant que te voilà grande. Si tu l'étudies consciencieusement, tu en tireras bon parti, et si tu prends exactement tes mesures, tu n'auras même pas besoin d'essayer tes vêtements. Juge combien de temps économisé pour les personnes qui confectionnent des vêtements sur une grande échelle. Ce nouveau système que j'ai créé, est la manière de prendre les mesures et de faire les patrons de tous les vêtements possibles, et c'est le seul qui soit infaillible et parfait, puisqu'il repose sur des bases naturelles et mathématiques.

MESURES A PRENDRE

POUR LA TAILLE DES VÊTEMENTS

En ouvrant ce volume on trouvera deux choses qui s'en détachent : 1° une bande de papier, qu'il faut précieusement mettre de côté ; on verra pourquoi tout à l'heure ; — 2° une feuille double sur laquelle sont représentées deux figurines au bas desquelles on lira ces mots : *Modèle pour prendre la mesure (devant et dos)*.

On fera bien de coller avec soin cette page double, où sont nos figurines, sur un carton ; car tout le long de ce livre, à mesure qu'on lira les explications qu'il contient, ces figurines seront utiles à consulter.

Ces deux figurines sont accompagnées d'une légende indiquant l'ordre dans lequel les mesures doivent être prises, et correspondant avec les numéros des mesures qui se détachent sur la robe des deux figurines.

DE LA MESURE

Le plus important de ce livre, et ce que l'on pourrait appeler la *clef* de ce *meuble* indispensable aux personnes qui veulent apprendre l'art de se vêtir et de vêtir les autres, c'est de savoir prendre exactement la mesure du corps.

Voulût-on seulement donner un conseil aux personnes que l'on emploie, il est encore nécessaire d'apprendre exactement la formule des mesures.

1° On prend une bande de papier, large de 4 centimètres environ, que l'on ploie en deux dans toute sa longueur ; d'ailleurs, pour faciliter la compréhension de tous, nous avons accompagné ce livre d'une mesure préparée et coupée d'après une taille moyenne.

Une fois pliée en deux, on coupe en équerre une des extrémités de la mesure. Ce sera par ce bout entaillé que l'on prendra les mesures. On donne à cette bande de papier la longueur que l'on prend, de face, de la *naissance du cou* de la personne qu'il s'agit d'habiller, *jusqu'à terre*.

C'est avec cette bande de papier que l'on va prendre toutes les mesures indiquées sur les deux figurines dont nous avons parlé plus haut.

La personne à laquelle on prend mesure doit tenir le buste droit, pour que la poitrine et les épaules se développent bien. Notre figurine n'indiquant peut-être pas suffisamment cette tenue, nous le faisons remarquer à nos lectrices, car cela est indispensable pour obtenir des mesures exactes.

La bande de papier que nos lectrices vont trouver dans ce livre a des numéros qui correspondent aux marques de la mesure. Comme cette bande peut s'égarer, et pour faciliter la confection d'une semblable, nous donnons le petit modèle ci-contre, où se retrouvent les 16 numéros qui suivent.

MARQUES DE LA MESURE :

Nos 1. — Le tour du bras au poignet. Moitié de la mesure
    2. — Le tour du bras près de l'épaule Id.
    3. — Longueur de la taille.......... Mesure entière
    4. — Largeur de la poitrine........ Moitié de la mesure
    5. — Le tour de la taille............ Id.
    6. — Le tour du corps............. Id.
    7. — Longueur du bras........... Mesure entière
    8. — Longueur de la jupe, sur le côté, Id.
         de la hanche jusqu'à terre... Id.
    9. — Longueur de la jupe, par derrière, de la taille jusqu'à terre. Id.
  10. — Longueur de la jupe, par devant, de la taille jusqu'à terre..... Id.

On remarquera que les nos 1, 2, 4, 5 et 6 portent *moitié de la mesure* et non mesure *entière* comme les autres ; on comprendra facilement qu'il doive en être ainsi, puisque toutes ces parties se taillent en double ou par moitié

N° 1. — *Le tour du bras au poignet.* — Vous faites le tour du poignet comme, à la figurine planche 1, le n° 1 l'indique, et vous pliez cette mesure en deux pour en avoir la moitié, que vous numérotez du chiffre 1. Ainsi que nous l'avons dit plus haut, c'est par le bout qui forme équerre que nous prenons nos mesures.

N° 2. — *Le tour du bras près de l'épaule.* — Voir à la figurine planche 2, le n° 2. C'est-à-dire que vous entourez avec votre mesure le tour du haut du bras, vers l'épaule. On plie également en deux la mesure obtenue pour marquer du n° 2 cette moitié.

N° 3. — *La longueur de la taille.* — Voir à la figurine planche 1, le n° 3, qui vous montre qu'il faut prendre cette mesure depuis le creux du dessous du bras (alors que ce bras tombe naturellement) jusqu'à la naissance de la hanche. Il faut faire une légère pression en appuyant sur la hanche pour bien avoir la longueur de la taille. Ici on conserve la mesure dans son entier, parce que c'est une longueur ; on fait un pli que l'on marque du n° 3.

N° 4. — *Largeur de la poitrine.* — Cette mesure est une des plus nécessaires à bien prendre. Il faut placer le bout de la mesure juste à l'endroit où les chairs forment un pli alors que le bras est baissé, de là faire glisser la bande légèrement, en suivant, comme l'indique notre dessin, les contours de la gorge jusqu'à son milieu, et de là remonter, de la même manière, jusqu'à la naissance de l'autre bras. Il est nécessaire, nous le répétons, que cette mesure soit prise avec beaucoup de précision sans tirer sur la bande, mais en festonnant légèrement, comme l'indique notre dessin. (Voir la figurine de la planche 1, n° 4.) On plie en deux la mesure obtenue, et l'on marque ce pli du n° 4, qui indique la mesure de la poitrine prise par moitié.

N° 5. — *Le tour de la taille.* — Le n° 5 des deux planches indique cette mesure, qui se prend au-dessus des hanches. Si une dame a son corset bien serré, cette mesure doit être prise plus étroite de deux travers de doigts pour que la robe s'adapte bien. C'est encore à la moitié de la mesure de la taille qu'il faut mettre le n° 5.

N° 6. — *Le tour du corps.* — Pour prendre la mesure du tour du corps, qui est la première mesure et la plus importante, il faut placer la bande sous le bras gauche, qui doit être pendant; puis, avec la main droite on dirige le bout de la bande de manière qu'il arrive juste au milieu de la poitrine, c'est-à-dire juste sous le n° 4 du milieu de la figurine de la planche 1. On arrête là cette bande avec une épingle, ou, ce qui est mieux, on la fait tenir par la personne avec le bout du doigt de sa main gauche. On abandonne alors ce bout soutenu par la personne à qui on prend la mesure, et l'on remplace la main droite, qui tient la bande assujettie sous le bras droit, par la main gauche, et avec la droite on conduit cette bande sur le dos, et l'on passe la mesure sous le bras gauche jusqu'au milieu de la poitrine, de façon à joindre le premier bout, point de départ où l'on a commencé à mesurer. Cette bande doit former *un cercle parfait autour du corps*, indiqué par le dessous de bras. Elle ne doit ni être trop tendue ni faire la moindre ondulation. Nous insistons sur les détails de cette mesure, car tout notre système en résulte, et de sa justesse dépend la grâce des vêtements. D'ailleurs, sur nos deux figurines, cette mesure, qui porte le n° 6, a sa marche très-bien indiquée.

Cette mesure se plie en deux, et l'on marque, cette moitié, du n° 6.

N° 7. *Longueur du bras.* — Cette mesure se prend, ainsi que l'indique notre planche 2, au bras gauche, bande numérotée 7; c'est-à-dire de la naissance du bras jusqu'à la main. On met un n° 7 au bout de la mesure obtenue; car, comme c'est une *longueur*, on garde la mesure en son entier.

N° 8. — *Longueur de la jupe, sur le côté, de la hanche jusqu'à terre.* — Cette mesure se prend au-dessus de la hanche, c'est-à-dire au bas de la taille jusqu'à terre. On met le n° 8 à l'extrémité de la mesure obtenue. (Voir la figurine de la planche 1, bande 8.)

N° 9. — *Longueur de la jupe, par derrière*, de la taille jusqu'à erre.

N° 10. — *Longueur de la jupe, par devant,* de la taille jusqu'à terre.

Il suffit, pour prendre ces trois mesures, qui restent entières, puisque ce sont des longueurs, il suffit, disons-nous, de jeter un coup d'œil sur les deux figurines et de tenir compte, en prenant ces mesures, du gonflement des jupons ou de la crinoline.

REMARQUE PREMIÈRE

Les trois mesures prises pour la jupe sont pour que le bas de la robe tombe tout autour avec une égalité parfaite. Pour suivre les exigences de la mode, on n'aura qu'à supprimer ou ajouter, selon le gonflement que l'on veut donner à cette robe, les jupons, crinolines ou paniers.

REMARQUE DEUXIÈME

Il va sans dire que la personne doit toujours avoir un corset bien fait et qui lui aille bien.

REMARQUE TROISIÈME

Si une dame doit porter un vêtement sous sa robe, on prendra la mesure lorsqu'elle aura sur elle ce vêtement.

RAISON DE LA MESURE

Ainsi que tous les savants l'ont démontré, les membres du corps humain ont, les uns envers les autres, des proportions certaines, et la mesure exacte d'une des parties nous donne celle de toutes les autres.

Numérotage des six parties.

Ces six parties, à proprement parler, ne font pas partie intégrante de la mesure du corps. C'est cependant à l'aide de ces six parties que nous allons arriver à formuler d'une façon exacte tous les patrons qui ont existé jusqu'à présent et tous ceux qui pourront être exigés par les besoins incessants de la mode.

Ce système que nous avons trouvé est d'une logique incontestable, car il se base sur cette loi immuable que, si les modes changent tous les jours, la forme humaine reste invariablement la même.

La personne qui porte un vêtement taillé d'après les mesures de son corps sera parfaitement à l'aise dedans. Ses mouvements seront plus gracieux. Enfin, le vêtement fatiguant moins, se déformera plus lentement et conséquemment s'usera et se déchirera moins vite que par le système des *à peu près* employé généralement aujourd'hui.

Il est donc bien nécessaire, une fois que l'on s'est habitué aux dix mesures qui ont pris l'ensemble du corps que l'on veut habiller, de bien se pénétrer que les six parties dont nous allons donner le détail permettront de lever sur une gravure de modes quelconque le patron le plus simple comme celui qui semble le plus compliqué.

Pour trouver les six parties numérotées 1, 2, 3, 4, 5 et 6, voilà comment il faut s'y prendre :

On prend le bout de la mesure qui n'est pas entaillé, on le pose à la marque de la largeur de la poitrine, numérotée 4, et l'on prend l'espace compris entre le numéro 4 et le numéro 6, qui a servi à mesurer le tour du corps. Puis on divise cet espace en six parties égales; ce qui est très-facile en commençant par diviser cet espace en trois parties, puis en ployant ensuite chacune d'elle en deux. Entre les raies obtenues on met un numéro. Et l'on obtient en grand la mesure dont voici le modèle ci-contre.

C'est avec ces six parties, on va le voir, que l'on pourra, nous le répétons encore, car c'est la base de notre système, mettre à sa taille tous les modèles que représentent les gravures de modes et notamment celles des journaux l'*Illustrateur des dames*, la *Joie du Foyer*, la *Boîte à ouvrage*, dont les dessins sont toujours en harmonie avec le corps humain. Il va sans dire que d'autres journaux de modes peuvent offrir les mêmes avantages; mais comme nous avons pris tous nos dessins dans lesdits journaux, nous sommes sûre de ne pas trop nous avancer en nous montrant aussi affirmative quant à ces journaux-là.

AVIS

INDISPENSABLE A LIRE

Pour appliquer facilement la méthode développée dans ce livre.

Pour faciliter l'application de la méthode que nous allons soumettre à nos lectrices, et pour éviter des répétitions de mots qui souvent auraient pu les troubler, nous avons dû classer les divers genres de vêtements sous trois dénominations. Nous ne les avons pas inventées, ces dénominations, mais nous les avons exhumées du passé. Qu'on ne s'étonne donc pas, par exemple, de voir ici revivre les noms de *douillette* et de *capote* à côté de la *robe* proprement dite. La douillette est encore le vêtement de gens âgés, et sous le nom de capote on ne désigne aujourd'hui qu'une sorte de chapeaux de femmes ; il ne faut donc pas confondre.

Voici en quelques lignes ce que nous avons classé sous ces trois titres : *douillette*, *capote* et *robe* :

1° Le mot *douillette* est très-ancien. Il est, dit-on, le premier adjectif qui qualifia la robe à taille plate, et s'identifia à elle en lui donnant son nom. Nous avons cru devoir l'appliquer à notre patron mère. Notre patron de la douillette est celui qui rend parfaitement la forme du corps et de tous ses contours. Ceci posé, on a, avec ce patron, toutes les modes des robes à taille plate du passé, du présent et de l'avenir.

Les gravures des journaux de modes les plus anciens sont conformes à celles d'aujourd'hui. Elles ne diffèrent entre elles que par une taille à pointe ou une taille ronde, le tour du cou plus ou moins décolleté et les ornements qui les parent; la jupe a plus ou moins d'ampleur, elle est plus ou moins longue, mais le patron est toujours le même.

2° Le mot *capote* comprendra tout ce que très-anciennement on nommait robe-capote, c'est-à-dire les robes dont les coutures sont un peu plus élevées, c'est-à-dire un peu plus sur l'épaule que celles de la douillette. Enfin, sous cette désignation on aura tous les patrons des robes dites de ville.

3° Le mot *robe* désigne pour nous toutes les robes dont les coutures arrivent sur le haut de l'épaule, c'est-à-dire toutes les robes décolletées. C'est, à proprement parler, le vêtement de soirées, de bals ou de grandes cérémonies.

Ceci dit, que nos lectrices se le rappellent bien, et elles ne pourront pas faire de confusion; alors notre système se déroulera sous leurs yeux avec une grande simplicité.

Mais n'oublions pas qu'il est indispensable de classer ces trois désignations dans sa mémoire. Si nous insistons ainsi, c'est qu'à la suite de nos deux premières éditions, nous avons reconnu que des personnes, ayant négligé cette étude, déclaraient notre méthode très-difficile; mais depuis, en étudiant avec soin cette classification et les six parties de la mesure publiée page 36, elles ont non-seulement changé d'avis, mais elles sont devenues les plus zélées propagatrices de notre livre.

PATRON MÈRE, DIT DE LA DOUILLETTE

DOS
du
PATRON MÈRE
Figure 4.

DEVANT
du
PATRON MÈRE. Figure 5.

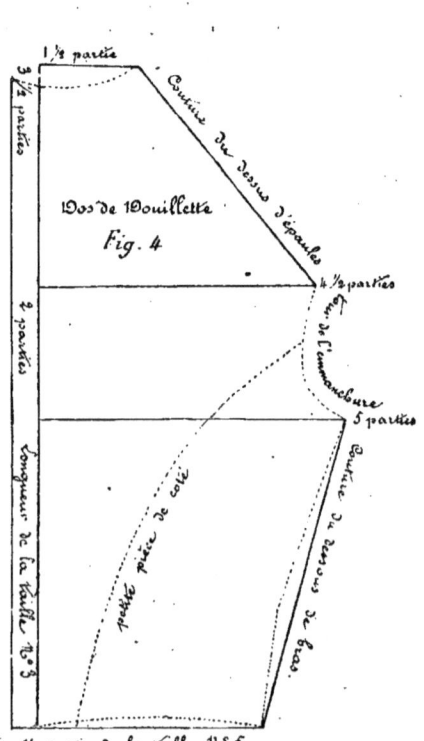

PATRON DE LA DOUILLETTE (DOS)

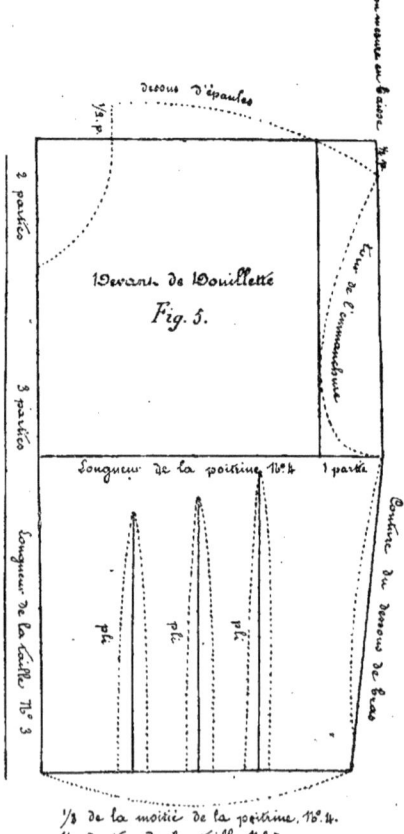

PATRON DE LA DOUILLETTE (DEVANT)

PATRON

DE LA DOUILLETTE

Nous appellerons ce patron patron mère, parce que de celui-là naissent tous les autres.

UN MOT SUR LA TAILLE

La taille est la partie la plus essentielle et la principale du corps de la femme, quant au plastique.

Si Cendrillon n'avait que son petit pied, l'Aurore que ses doigts de roses, cela ne constituerait ni une jolie fille ni une radieuse divinité. La taille est véritablement la partie essentielle.

L'abeille, la guêpe, la demoiselle verte des champs, voilà les êtres dont la taille gracieuse et élancée est toujours donnée pour point de comparaison; quelquefois aussi un arbrisseau droit et souple; souvent, la fine et longue tige d'une fleur. Rien de tout cela n'approche la beauté de la taille de la femme. Ici serait le lieu d'en faire la description, mais elle a été tracée, peinte si souvent et si bien, que, n'aimant pas les répétitions, nous nous abstenons et n'en parlons qu'au point de vue de notre ouvrage.

La taille est la partie du corps qui donne la grâce, la beauté, la majesté, l'imposant à l'ensemble.

La taille donne à la femme sa désinvolture, la fierté de son aspect, la finesse et la grandeur de sa démarche, l'abandon et la volupté de ses poses. Donc la taille est pour la femme une chose à soigner ; donc les vêtements qui l'enveloppent, au lieu de la paralyser, de la restreindre, de la masquer, de la dévier, doivent, au contraire, la soutenir, la dessiner, la développer, l'épanouir.

PATRON DE LA DOUILLETTE

PREMIER MODÈLE, DOS, FIG. 4

(Patron mère.)

On tire deux lignes, une en longueur et une en largeur, qui, réunies, forment une équerre, comme le représente la figure 4. Je prends le bout de ma mesure, je le pose à l'équerre et je mesure trois parties et demie des six que nous avons marquées par une entaille. Je fais un point qui marque ces trois parties et demie...

De ce point que je viens de marquer, j'en mesure encore deux que je marque aussi par un point ; je prends l'autre bout de la mesure qui est entaillé et je le pose à la dernière mesure que je viens de prendre. Je mesure la longueur de la taille, qui est le n° 3, entaillé sur le bord de la mesure : avec une règle je tire trois lignes : la première où j'ai marqué trois parties et demie ; la seconde où j'ai marqué deux parties ; la troisième où j'ai marqué la longueur de la taille. Ces mesures que nous venons d'indiquer déterminent la longueur du dos.

Passons maintenant aux largeurs :

Sur la première ligne, qui fait l'équerre, je mesure une partie et demie.

Sur la deuxième ligne je mesure quatre parties et demie.

Sur la troisième ligne je mesure cinq parties.

Sans ôter la mesure, un doigt au-dessus de la quatrième partie, je fais une marque pour indiquer l'endroit où l'on tourne pour faire l'échancrure du dessous de bras, comme on peut le voir figure 4.

Sur la quatrième ligne je mesure un quart du tour de la taille, qui est le n° 5 : avec la règle je tire une ligne de l'endroit où j'ai tracé une partie et demie sur la première ligne, jusqu'à la deuxième ligne, sur laquelle on a marqué 4 et demi. Cette ligne est celle qui forme la couture du dessus de l'épaule. A partir de cette ligne qui indique la couture, je fais des points jusqu'à la marque qui détermine l'échancrure du dessous du bras, comme on le voit figure 4; avec le crayon on trace la couture du dessous du bras, à partir de l'endroit où sont marquées les cinq parties, jusqu'à la quatrième ligne sur laquelle on a marqué le tour de taille, en creusant légèrement comme l'indiquent les points de la figure 4, et suivant que sous les bras la personne est plus ou moins creuse. Depuis la couture du dessous du bras jusqu'à celle du milieu du dos, on échancre un peu le bas de la taille pour éviter les plis qui se forment souvent en cet endroit, particulièrement chez les personnes qui ont de l'embonpoint. Quand on veut faire le dos avec une pièce, on trace, par des points au crayon, un contour qui prend à la naissance du bras, du côté de l'épaule, et vient rejoindre le milieu du dos, au bas de la taille en laissant plus ou moins de distance d'avec la couture du milieu du dos, suivant la taille de la personne.

Quand on veut que la robe fasse la pointe par derrière, comme quelquefois la mode l'a exigé, on allonge la ligne qui indique le milieu du dos de la grandeur que l'on veut que la pointe soit, et l'on retourne, en diminuant, rejoindre la couture du dessous du bras.

Le patron mère s'échancre seulement un peu autour du cou en commençant à la couture du dessus de l'épaule du côté du cou, ainsi que l'indiquent les petits points de la figure 4, et l'on vient rejoindre la couture du milieu du dos.

Passons à la figure 5 : devant, patron mère qui s'ajuste au dos figure 4, que nous venons d'expliquer.

DEVANT DE LA DOUILLETTE, FIG. 5

Ainsi que pour la figure 4, nous tirons deux lignes qui forment une équerre. Nous prenons le bout de la mesure du côté des six parties et nous mesurons, en hauteur du coin de l'équerre, deux parties marquées par un point; nous en remesurons trois que nous marquons par un point également. Je prends l'autre bout de la mesure qui est entaillé et je le pose à la dernière mesure que je viens de prendre : je mesure la longueur de la taille, qui est le n° 3. Nous laissons momentanément le point qui marque les deux parties ; nous tirons une ligne où sont marquées les trois. Un peu au-dessous de cette ligne, à la valeur d'un travers de doigt, nous tirons une petite ligne pour préciser la hauteur du pli au-dessous de la gorge. Une troisième ligne est tirée où l'on a marqué la longueur de la taille n° 3.

Passons aux largeurs :

Sur la première ligne du haut qui aide à former l'équerre et sur la seconde ligne nous mesurons la largeur de la poitrine, qui est n° 4. Nous prenons l'autre bout de la mesure, où sont marquées les six parties par une entaille, et nous mesurons une partie sur la première et sur la seconde ligne du point où nous avons marqué la largeur de la poitrine.

Nous prenons la moitié de la mesure de la largeur de la poitrine, qui est le n° 4, nous le plions en trois pour en avoir le tiers. Ce tiers de la poitrine est ce qui sert à former les plis de la gorge. Nous le marquons sur la troisième figure par un point. Nous prenons le tour de la taille, qui est marqué par le n° 5, nous plions en deux cette mesure, ce qui infailliblement nous donne le quart de la taille : nous marquons ce quart de tour de taille sur la troisième ligne après le point qui marque le tiers de la poitrine, et nous faisons un point. Sur la première ligne où vous avez marqué la largeur de la poitrine, vous avez marqué à côté une partie; vous avez marqué sur la deuxième ligne une seconde partie : placez votre règle de l'un à l'autre de ces deux points et tirez deux lignes; prenez la longueur de la couture d'épaule du dos de la douillette, figure 4; posez cette couture au devant de la douillette, figure 5, et à partir de l'équerre de l'emmanchure, mesurez la longueur de la couture du dos du dessus de l'épaule, que vous marquerez, et l'excédant du devant vous donnera la grandeur de l'échancrure pour le cou. Nous prenons la bande du côté des parties; nous mesurons une demi-partie au cou, où nous avons arrêté la couture : cette demi-partie se mesure en élevant; puis à l'équerre de l'emmanchure on mesure, en baissant, une autre demi-partie. Avec le crayon on trace une ligne courbe du point où on l'a élevée jusqu'au point où on l'a baissée : cette ligne doit être plus ou moins bombée, suivant que l'épaule est plus ou moins saillante : du tour du bras où l'on a baissé la mesure, on descend en creusant jusqu'à la partie qui est marquée et qui forme le dessous du bras, comme l'indique la figure 5, patron de la douillette, notre patron mère. De l'endroit où se trouve marqué le dessous du bras, on descend jusqu'où est marquée la largeur du tour de la taille, en creusant comme pour le dos.

ÉCHANCRURE DU COU

L'échancrure du cou se fait en partant de l'épaule, de l'endroit où nous avons élevé une demi-partie en descendant jusqu'où sont marquées les deux parties sur la ligne de devant.

POUR FORMER LES TROIS PLIS AU BAS DE LA TAILLE

Il faut pour cela mesurer, depuis l'équerre du devant, un tiers de la poitrine; mesurer également un tiers de la poitrine du côté du dessous du bras, puis prendre la moitié de l'intervalle qui sépare ces deux tiers et marquer un point. Ces trois mesures indiquent la place des trois plis. Vous tirez une ligne droite à chaque marque de pli pour en préciser la place; vous obtenez la profondeur du pli en divisant en trois le tiers de la moitié de la poitrine; vous pliez en deux un des trois plis obtenus, vous le mettez en regard de la ligne qui précise le pli, vous marquez de chaque côté, et de là résulte la profondeur du pli. Ce pli se trace en venant finir à la petite ligne qui indique la hauteur des plis.

N. B. Quand on fait trois plis au bas de la taille, comme nous venons de les tracer, ils sont parfaitement à leur place et donnent plus de grâce à la taille. Pour aller plus vite, il arrive souvent qu'on ne fait que deux plis; pour ce cas, le tiers de la moitié de la poitrine, que l'on a divisé en trois pour faire les trois plis, se divise en deux seulement. Ces deux plis se placent au milieu du bas de la taille. On les biaise un peu pour les incliner sur le devant. (Voir la figure 5, page 44.)

Nous avons fait le patron de la douillette, nous allons tailler cette robe.

TAILLE DU JUPON

La mode vous a indiqué si la robe était traînante; vous avez pris vos trois mesures, comme nous vous l'avons dit. Ajoutez à ces mesures ce que vous voulez que la robe traîne, ce qui est nécessaire pour faire l'ourlet et le repli pour coudre la jupe à la taille, et coupez. Les poches et les garnitures sont des affaires de goût et de circonstance.

Si l'étoffe est à carreaux, il est tout simple qu'il faut les faire rencontrer.

Quand la robe doit être doublée, on commence toujours par couper la doublure.

TAILLE DU DOS DE LA DOUILLETTE

Le dos de la douillette se coupe droit fil; il n'y a pas de couture dans le milieu.

Si vous voulez faire un petit côté, ainsi qu'il est tracé sur le patron, et comme il s'en fait quelquefois, séparez ce petit côté avant de tailler.

Épinglez votre patron sur l'étoffe, passez un fil tout autour du patron pour indiquer où l'on doit coudre, ou remplacez le fil par un trait de crayon et retirez vos épingles.

Il est bien entendu que vous laissez pour vos coutures, en sus du patron, l'étoffe qu'elles exigent.

Pour le devant, doublez votre étoffe comme pour le dos et posez le patron au droit fil; passez un fil tout autour du patron, comme pour le dos.

POUR COUPER LES MANCHES

Pliez votre étoffe, posez et épinglez votre patron.

La manche se coupe habituellement droit fil, à quelques exceptions près, que la mode vous indique.

MANIÈRE DE COUDRE LA ROBE

L'étoffe et la doublure sont faufilées ensemble. Si le dos a un petit côté, on commence par le faufiler à la partie du dos d'où il a été retiré.

A la partie du devant, on faufile les trois plis comme nous l'avons indiqué.

On pose les agrafes.

On réunit les deux dessous de bras, en commençant à l'emmanchure. Si l'une des deux parties était plus longue, c'est au bas de la taille qu'il faudrait la couper pour l'égaliser avec l'autre. Cette différence de longueur proviendrait de ce que l'on aurait plus ou moins creusé la partie du dos.

On fait la couture du dessus de l'épaule, en commençant toujours à l'emmanchure. C'est autour du cou qu'on égalisera. S'il y avait une différence, elle proviendrait de ce qu'on aurait plus ou moins arrondi la partie du devant à l'épaule.

La couture du dessous de bras se fait en surjet; on pique celle du dessus de l'épaule.

Les trois plis que l'on fait à la partie du devant doivent être cousus en dedans.

Quand on a réuni la partie du dos à celle du devant, le tour de l'emmanchure doit avoir huit parties et demie.

Essayez cette taille, elle ira parfaitement si vous avez pris les mesures comme nous les avons indiquées.

REMARQUE ESSENTIELLE

Les personnes qui ont le dessous de la gorge creux creuseron' alors plus ou moins ce pli ; ceci leur est relatif et devient une affaire de proportion qui ne peut être reconnue que par elles-mêmes.

Pour les personnes qui ont la taille courte et les hanches fortes, il faut, à l'endroit où l'on monte le jupon, faire la couture du pli un peu moins profonde et ressortir un peu à la couture du dessous de bras, pour éviter que la taille ne remonte.

Celles qui ont de l'obésité ajouteront droit devant ce que leur obésité exige d'ampleur, et iront en perdant à peu près jusqu'aux points où commencent les pinces ; plus haut, si l'obésité est très-forte. Si l'on a soin d'ajouter ce que demande l'obésité, la robe tombera aussi bien que celle qui n'a que l'étoffe ordinaire.

Ceci s'applique surtout aux femmes enceintes, qui sont souvent fatiguées et obligées de se dégrafer.

Il ne faut donc pas ajouter sous les bras, ainsi que cela arrive très-souvent chez presque toutes les couturières, et alors la taille tombera bien et la personne sera à son aise.

DES MANCHES

Toutes les robes ont des manches comme tous les corps ont des bras, à de rares exceptions près. C'est le raisonnement de M. de La Palisse... qui dans ce moment nous suggère cette pensée. Ceci posé, nous trouvons les manches plates, les manches bouffantes, les longues, les courtes, les droites, les obliques, les bouillonnantes pour les petits bras maigres ; les collantes pour les beaux bras gras, ronds, bien dessinés, au bout desquels se trouvent de petites mains, ayant doigts effilés, longs, rosés et pointus. Nous avons eu la manche *à gigot*, qui n'avait de bon que la pensée culinaire qu'elle nous suggérait. A la manche à gigot a succédé la manche *à la folle*, qui n'était qu'une amplification ou plutôt une dégénérescence de sa sœur aînée. Cette manche à la folle était, pour le bras, deux jupes dont l'ampleur pendait jusqu'aux genoux. Tout le monde se souvient de la manche *à la religieuse* : cette manche, large aux poignets, faisait manchon pour les dames qui n'en avaient pas : elle était surtout très-commode et bien disposée pour recevoir et recéler les objets de toute sorte, quelle que fût la main qui les y glissât, et de quelque main qu'ils fussent pris.

POUR FAIRE LES MANCHES

(Voir le dessin du patron, page 55.)

La mode d'aujourd'hui est une manche étroite, qui forme le coude. On prépare la mesure comme suit :

On prend une bande de papier, que l'on entaille d'un bout; avec cette bande on commence à mesurer le bras en plaçant la mesure à la naissance du bras vers l'épaule ; on la descend jusqu'au coude; on fait plier le bras, pour que le coude soit bien dessiné. On marque cette mesure sur le bord; on continue de mesurer à partir du coude jusqu'au poignet, où l'on coupe la bande. Ces mesures sont celles de la longueur du bras; passons aux mesures de la largeur. On prend la mesure du côté où le bout est entaillé, commençant par le tour du poignet. On marque n° 1 dans le milieu de la mesure, parce que ce n'est qu'une moitié. En pliant le bras, on prend la largeur du tour du coude; on marque dans le milieu la mesure par n° 2. On mesure le tour du bras à l'emmanchure ; on prend le milieu et l'on marque n° 3.

RÉCAPITULATION DES MESURES

La première, de l'épaule au coude.
La seconde, du coude au poignet.
La troisième, le tour du poignet.
La quatrième, le tour du coude.
La cinquième, le tour du bras à l'emmanchure.

Pour tracer le patron de cette manche on tire deux lignes pour faire l'équerre, comme de coutume, et sur la ligne d'équerre on pose la mesure par le bout entaillé, on la descend jusqu'à la marque qui est sur le bord, indiquant le coude; on fait un point et l'on continue jusqu'au bout de la mesure qui indique la longueur du bras.

On tire deux lignes où l'on a marqué le coude et la longueur du bras au poignet. Sur la première ligne, celle de l'équerre, on mesure le tour du bras.

Sur la deuxième, on mesure le tour du coude.

Sur la troisième, on mesure successivement deux fois le tour du poignet.

Pour dessiner la forme de cette manche, on pose le crayon à la ligne de l'équerre, et l'on descend, en traçant des points, rejoindre la marque du coude. De cette marque, on continue de descendre rejoindre la marque de la première mesure du tour du poignet. Le tracé étant fait comme l'indique le dessin ci-contre, on trace la deuxième couture comme la précédente. On commence à la ligne de l'équerre où l'on a marqué le tour du bras; on trace des points en descendant rejoindre la marque du tour du coude. Sur la deuxième ligne de cette marque on descend rejoindre la deuxième mesure du tour du poignet, que l'on a marquée sur la troisième ligne. Les deux coutures étant tracées, on arrondit la manche dans le haut; pour cela on mesure, en baissant à la couture de l'intérieur du bras, un quart du tour du poignet. En pliant la mesure en deux, on aura le quart, puisque c'est une moitié. Après avoir arrondi la manche, il faut échancrer la partie du devant, en commençant par l'une des coutures; on descend et l'on remonte, en arrondissant, rejoindre l'autre couture.

Dans le bas de la manche, à la couture de l'intérieur vers le poignet, on échancre pour arrondir la manche.

REMARQUE POUR LES MANCHES PLATES

Quand la mode présente des manches collantes, on supprime un peu à la couture extérieure depuis l'épaule jusqu'au coude, comme l'indique le modèle ci-contre.

Quand on fait une manche plate un peu large, comme, par exemple, pour celle d'un pardessus, on ajoute à chaque couture ce que la mode exige.

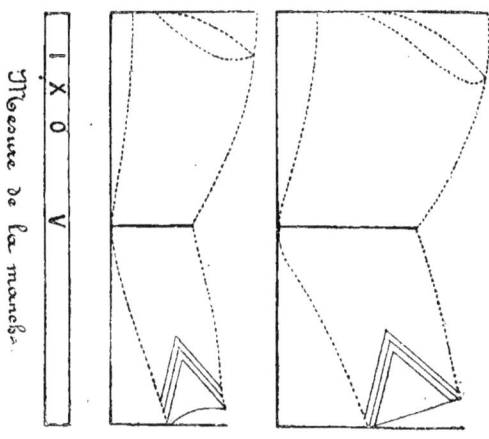

MESURE DE LA MANCHE

POUR COUPER LA MANCHE

On met son étoffe droit fil; c'est la forme qui donne du biais aux coutures.

Il arrive quelquefois que l'on met son étoffe de biais; ce cas n'est employé que lorsqu'on veut faire valoir un dessin ou dans le cas où l'on voudrait utiliser des morceaux.

L'ornement des garnitures est une affaire de goût.

PATRON GÉNÉRIQUE DIT DE LA CAPOTE

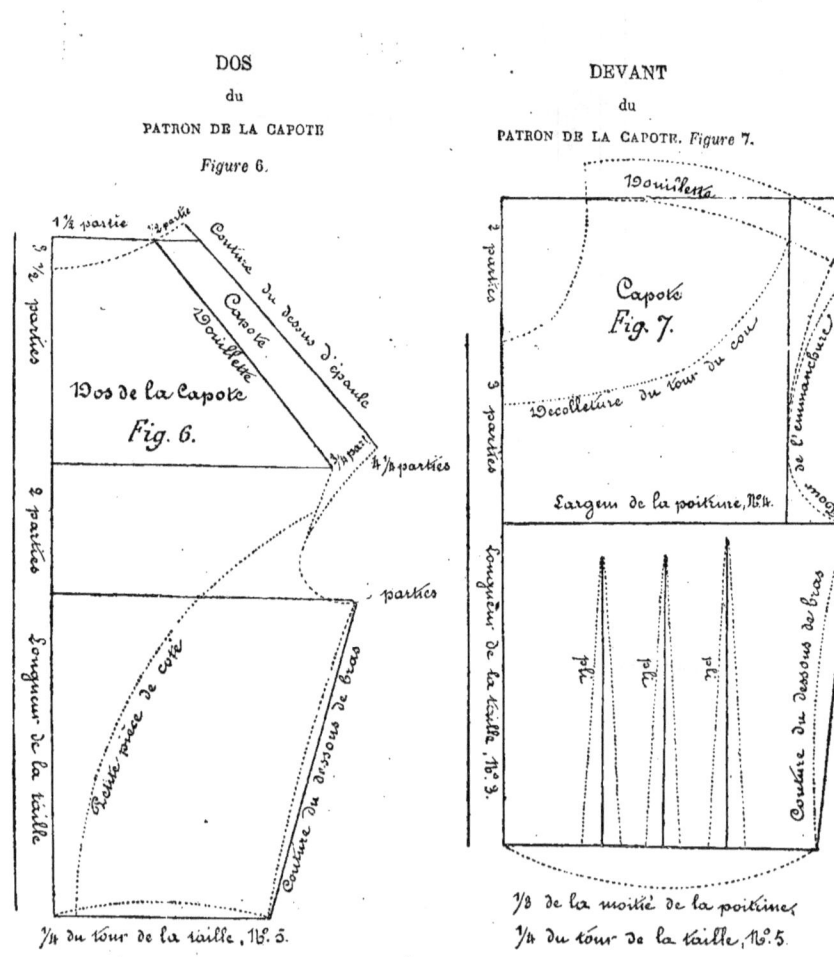

DOS du PATRON DE LA CAPOTE. Figure 6.

DEVANT du PATRON DE LA CAPOTE. Figure 7.

PATRON DU DOS DE LA CAPOTE

PATRON DU DEVANT DE LA CAPOTE

PATRON DE LA CAPOTE

MOTIFS DES PATRONS DE LA CAPOTE ET DE LA ROBE

DEUXIÈME MODÈLE, DOS, FIGURE 6

La couture de l'épaule de la robe à taille plate peut être plus élevée que celle du tracé de la douillette. C'est une affaire de goût. Pour cela on ajoute au patron de la douillette, vers l'emmanchure et vers le cou. Exemple :

Je tire deux lignes, une en longueur et une en largeur, qui, réunies, forment l'équerre, comme le représente la figure 4. Je prends le bout de ma mesure, que je pose à l'équerre, et je mesure trois parties et demie des six que nous avons marquées par zéro. Je fais un point qui marque ces trois parties et demie : de ce point que je viens de marquer, j'en mesure encore deux que je marque aussi par un point ; je prends l'autre bout de la mesure qui est entaillé et je le porte à la dernière mesure que je viens de prendre, et je mesure la longueur de la taille, qui est le n° 3 entaillé sur le bord de la mesure. Avec la règle, je tire trois lignes : la première, où j'ai marqué les trois parties et demie ; la seconde, où j'ai marqué deux parties ; la troisième, où j'ai marqué la longueur de la taille.

PASSONS MAINTENANT AUX LARGEURS

Sur la première ligne qui fait l'équerre, je mesure une partie et demie.

Sur la deuxième ligne, je mesure quatre parties et demie.

Sur la troisième partie, je mesure cinq parties.

Sans ôter la mesure, un doigt au-dessus de la quatrième partie, je fais une marque pour indiquer l'endroit où l'on tourne pour faire l'échancrure du dessous de bras, comme on peut le voir figure 4.

Sur la quatrième ligne, je mesure un quart du tour de la taille, qui est le n° 5; avec la règle, je tire une ligne de l'endroit ou j'ai tracé une partie et demie sur la première ligne, jusqu'à la deuxième, sur laquelle on a en marqué quatre et demie. Cette ligne est celle qui forme la couture de l'épaule.

Avec le crayon, je trace l'emmanchure en commençant à la ligne où sont marquées les quatre parties et demie, et je trace des points en descendant jusqu'à la marque qui indique le contour du dessous du bras; on forme le contour pour s'arrêter où l'on a marqué les cinq parties.

Avec le crayon, on trace la couture du dessous de bras à partir de l'endroit où sont marquées les cinq parties jusqu'à la quatrième ligne sur laquelle on a marqué le tour de taille, en creusant légèrement, comme l'indiquent les points de la figure 4, et suivant que, sous le bras, la personne est plus ou moins creuse.

De la couture du dessous de bras à celle du milieu du dos, on échancre un peu le bas de la taille, pour éviter les plis qui pourraient se former sur la hanche.

Quand on veut faire le dos avec une pièce, on trace, par des points au crayon, un contour qui commence à la jointure de l'épaule et vient rejoindre le bas de la taille, en laissant plus ou moins de distance d'avec la couture du milieu du dos, suivant la taille de la personne. Quand on veut que la robe fasse la pointe par derrière, comme quelquefois la mode le commande, on allonge la ligne de la grandeur qu'on veut que la pointe soit, et l'on retourne en perdant vers la couture du dessous de bras.

Ce patron est textuellement celui de la douillette. Il devient patron de la capote, dos, figure 6, en ajoutant une demi-partie à la couture du dessous de l'épaule, du côté du cou, et trois quarts de partie à la couture du côté de l'emmanchure. Avec la règle, on tire une ligne d'une marque à l'autre. Avec le crayon, on arrondit l'emmanchure, en venant rejoindre la précédente.

Pour décolleter le tour du cou, on trace de la couture du milieu jusqu'à l'épaule, ainsi que l'indiquent les petits points, ce que l'on veut que la robe soit décolletée.

DEVANT DE LA CAPOTE, FIG. 7

Le devant de la capote porte figure 7 et s'assemble avec le dos, figure 6.

Nous tirons deux lignes qui forment une équerre; nous prenons le bout de la mesure du côté des six parties, et nous mesurons, en hauteur du coin de l'équerre, deux parties marquées par un point. De ce point, on mesure trois parties; cela fait, nous prenons l'autre bout de la mesure pour marquer la longueur de la taille, qui est le n° 3. Nous laissons momentanément le point qui marque les deux parties; nous tirons une ligne où sont marquées les trois parties. Un peu au-dessous de cette ligne, à la distance d'un travers de doigt, nous tirons une petite ligne comme l'indique la figure 5, pour marquer la hauteur que doivent avoir les plis. Une troisième ligne est tirée où l'on a marqué la longueur de la taille, n° 3.

Passons aux largeurs :

Sur la première ligne du haut, qui aide à former l'équerre, et sur la seconde ligne, nous mesurons la largeur de la poitrine, qui est n° 4. Nous prenons l'autre bout de la mesure où sont marquées les six parties par un zéro, et nous mesurons une partie sur la première et la seconde ligne du point où nous avons marqué la largeur de la poitrine. Nous prenons la moitié de la mesure de la largeur de la poitrine, qui est le n° 4, nous la plions en trois pour en avoir le tiers. Ce tiers de la poitrine est ce qui sert à former les plis de la gorge. Nous le marquons sur la troisième ligne par un point; nous prenons le tour de la taille, qui est marqué par le n° 5, nous plions en deux cette mesure, ce qui infailliblement nous donne le quart de la taille; nous marquons ce quart de tour de taille sur la troisième ligne après le point qui marque le tiers de la poitrine, et nous faisons un point. Sur la première ligne où vous avez marqué la largeur de la poitrine, vous avez marqué à côté une partie, vous avez marqué sur la deuxième ligne une seconde partie. Placez votre règle de l'un à l'autre de ces deux points, et tirez deux lignes ; prenez la longueur de la couture d'épaule du dos de la capote, figure 6, posez cette couture au devant de la capote, qui sera figure 7 ; et à partir de l'équerre de l'emmanchure, mesurez la longueur de la couture du dos, que vous marquerez, et l'excédant du devant vous donnera la grandeur de l'échancrure pour le cou. Nous prenons la bande du côté des parties ; nous mesurons une demi-partie au cou, où nous avons arrêté la couture. Cette demi-partie se mesure en élevant, puis à l'équerre de l'emmanchure on mesure en baissant une demi-partie. Avec le crayon on trace une ligne courbe du point où on l'a élevée jusqu'au point où on l'a baissée ; cette ligne doit être plus ou moins bombée, suivant que l'épaule est plus ou moins saillante ; du tour du bras, où l'on a baissé la mesure, on descend en creusant jusqu'à la partie qui est marquée et qui forme le dessous du bras comme l'indique le n° 5, devant de la douillette patron mère. De l'endroit où se trouve marqué le dessous du bras, on descend jusqu'où est marquée la largeur du tour de la taille, en creusant comme pour le dos.

Ce patron est textuellement celui du devant de la douillette, figure 5. Il devient capote figure 7. On supprime autour du cou une demi-partie, et trois quarts de partie autour du bras. Cette déduction faite, on retrace la ligne courbe comme elle était précédemment ; autour du bras on retrace l'emmanchure pour venir rejoindre la précédente.

Nous ferons observer que le patron de la douillette et celui de la capote sont exactement les mêmes. Il n'y a que la couture de l'épaule qui diffère.

Ce que nous avons ajouté au dos, nous l'avons supprimé au devant. C'est une chose facultative ; seulement il faut avoir soin de bien ajouter à l'un ce que vous avez supprimé à l'autre.

ÉCHANCRURE DU COU

L'échancrure du cou se fait en partant de l'épaule, de l'endroit où nous avons élevé une demi-partie, en descendant jusqu'où sont marquées les deux parties sur la ligne de devant.

Pour former les trois plis du devant, au bas de la taille :

Il faut pour cela, mesurer depuis l'équerre du devant un tiers de la poitrine ; mesurer également un tiers de la poitrine du côté du dessous du bras, puis prendre la moitié de l'intervalle qui sépare ces deux tiers et marquer un point. Ces trois mesures indiquent la place des trois plis. Vous tirez une ligne droite à chaque marque de plis pour en préciser la place ; vous obtiendrez la profondeur du pli en divisant en trois le tiers de la moitié de la poitrine ; vous pliez en deux un des trois tiers obtenus, vous le mettez en regard de la ligne qui précise le pli ; vous marquez de chaque côté, et de là résulte la profondeur du pli. Ce pli se trace en venant à la petite ligne, figure 5.

DISPOSITION DES PLIS

On monte en perdant jusqu'à la petite ligne le pli qui est du côté du dessous du bras. Le second pli se fait un peu plus bas, et le troisième un peu plus bas que le second, et dans la même position ; voir la figure 7.

Ce devant de capote est tracé avec les mêmes mesures que celui de la douillette. Pour faire le patron du dos de la capote, nous avons ajouté une demi-partie sur l'épaule, près le cou, et trois quarts de partie à l'emmanchure du bras, vers l'épaule. Ce que nous avons ajouté au dos, nous le supprimons au devant, c'est-à-dire une demi-partie autour du cou et trois quarts de partie à l'emmanchure. Ces deux mesures supprimées, on tire la ligne courbe qui forme l'épaule, comme à la douillette. Les remarques pour la douillette s'appliquent également à la capote.

PATRON GÉNÉRIQUE DIT DE LA ROBE

DOS
du
PATRON DE LA ROBE
Figure 8.

DEVANT
du
PATRON DE LA ROBE, figure 9.

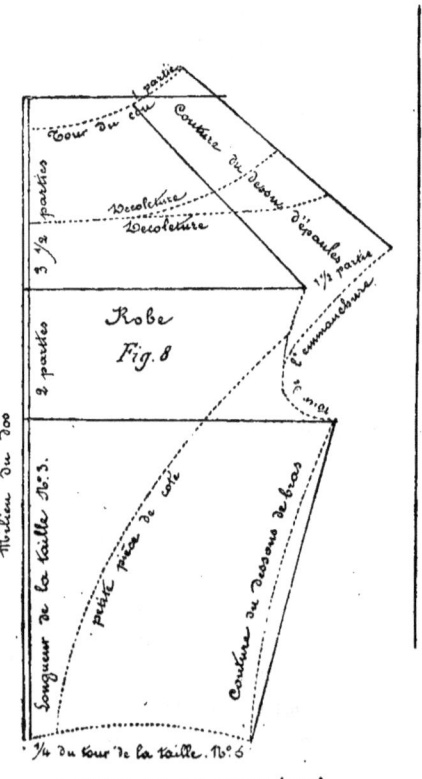
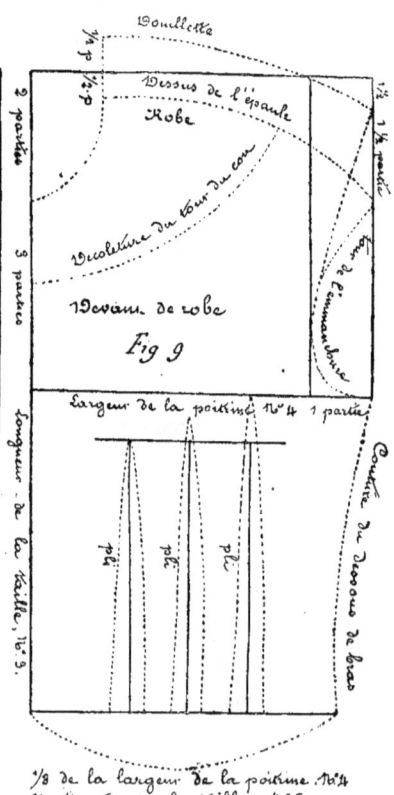

PATRON DE LA ROBE (DOS) PATRON DE LA ROBE (DEVANT)

PATRON DE LA ROBE

TROISIÈME MODÈLE, DOS, FIGURE 8

Pour faire ce modèle de robe de grande toilette on trace exactement le patron du dos de la douillette, figure 4. Ce patron dessiné, on ajoute au cou une partie en montant, en plaçant la mesure un peu de biais et ajoutant une partie et demie à l'emmanchure.

DEVANT DE LA ROBE, FIGURE 9

Ce devant se trace exactement comme celui de la douillette, figure 5. Lorsqu'il est dessiné, on mesure une partie autour du cou, pour la supprimer; on mesure une partie et demie en descendant autour du bras, également pour supprimer. Ces deux mesures indiquées, d'un point à l'autre on retrace la ligne courbe de l'épaule, comme elle était précédemment à la douillette. Ce que nous avons ajouté au dos, nous l'avons supprimé au devant.

Maintenant que le patron mère est bien compris, nous avons à nous occuper à l'appliquer à toutes les modes passées, présentes et futures.

La nature a mis dans ses œuvres une variété infinie, et cependant tout est coordonné avec un ordre admirable; tout repose sur des bases logiques, certaines; tout s'enchaîne avec une merveilleuse rectitude, tout est uniforme dans son infinie variété. Prenez une feuille d'arbre et comparez-la à celle qui la touche, elle différera par quelques nuances soit de couleur, soit de forme. Toutes les tiges d'une plante d'herbe sont les mêmes, et toutes ont individuellement des marques distinctives. Ce rosier a cinquante roses : ce sont toutes les mêmes roses, mais pas une fleur n'est exactement la même que sa semblable ; pas un pétale de cette rose n'est identiquement le même que le pétale qui le joint. Cette vigne a mille grappes : ce sont toutes des grappes, mais toutes sont diversifiées entre elles ; les grains mêmes de chaque grappe ont chacun leurs formes particulières comme la nuance de leur couleur. Les femmes sont toutes également formées de la même manière, se ressemblent uniformément toutes, et cependant pas une n'est exactement semblable à l'autre. Ceci est rigoureusement vrai, quelque disparate qu'en paraisse le raisonnement. Or voici notre conclusion : la femme, qui est le chef-d'œuvre de la création, est donc uniforme quant à son essence d'être, mais infiniment variée quant à la réalité de son aspect, depuis le crétinisme physique et moral jusqu'au génie, jusqu'à l'idéale beauté.

Nous avons donc basé notre système sur le réel plastique, et nous suivons la nature dans toutes ses variétés, dans toutes ses nuances, dans tous ses développements.

Nous avons donné trois modèles : celui de la douillette, qui est le patron mère, dos figure 4, et devant figure 5.

Ce patron a été tracé d'après les mesures prises sur votre corps. Si les mesures ont été prises bien exactement, le vêtement doit s'adapter parfaitement sur le corps de la personne, sans faire aucun pli, sans gêner aucun mouvement.

Pour faire le dos de la capote, figure 6, il suffit d'ajouter une demi-partie autour du cou et trois quarts de partie à l'emmanchure. On tire une ligne d'un point à un autre pour tracer la couture de l'épaule.

Ce que nous avons ajouté au dos, nous le supprimons au devant, figure 7 ; c'est-à-dire que nous ôtons une demi-partie à l'épaule du côté du cou, et trois quarts de partie à l'emmanchure, et avec le crayon nous reformons la ligne courbe comme elle existait auparavant. On voit par ce procédé que la couture du côté de l'épaule a seulement changé de place ; que celle-ci est un peu plus élevée que celle de la douillette.

Le troisième modèle de la robe est celui que l'on emploie pour cérémonies, bals, soirées, etc.

On prend le patron de la douillette, figure 4, on ajoute autour du cou une partie, et une et demie à l'emmanchure; de ces deux points on tire une ligne pour tracer la couture de l'épaule.

Ce que nous avons ajouté au dos, fig. 8, nous le supprimons au devant, fig. 9, c'est-à-dire que nous ôtons autour du cou une partie et une et demie à l'emmanchure ; et avec le crayon nous reformons la ligne comme elle existait auparavant, et comme toujours la courbe change de place, le patron reste le même.

On nous dira : Pourquoi ces changements de couture puisque le patron reste exactement le même ? Voici : la couture de la douillette reste basse pour que le devant, où l'on ne pose pas de garnitures, soit plus gracieux.

Celle de la capote est pour faciliter la pose des garnitures.

Celle de la robe décolletée la ferait grimacer à l'endroit des creux qui sont près des épaules, au-dessus de la poitrine.

Prenez mille journaux de modes ; avec les trois patrons que nous vous donnons vous aurez toujours tous ceux des vêtements qu'ils vous présenteront, quels qu'ils soient.

RÉCAPITULATION DES FIGURES

Dos de la douillette. . . . . figure 4.
Devant de la douillette. . . . figure 5.
Dos de la capote. . . . . . figure 6.
Devant de la capote. . . . . figure 7.
Dos de la robe. . . . . . . figure 8.
Devant de la robe. . . . . . figure 9.

Maintenant nous allons donner des exemples.

PATRON DE LA ROBE PRINCESSE

DOS
de la
ROBE PRINCESSE

Figure 8.

DEVANT
de la
ROBE PRINCESSE

Figure 9.

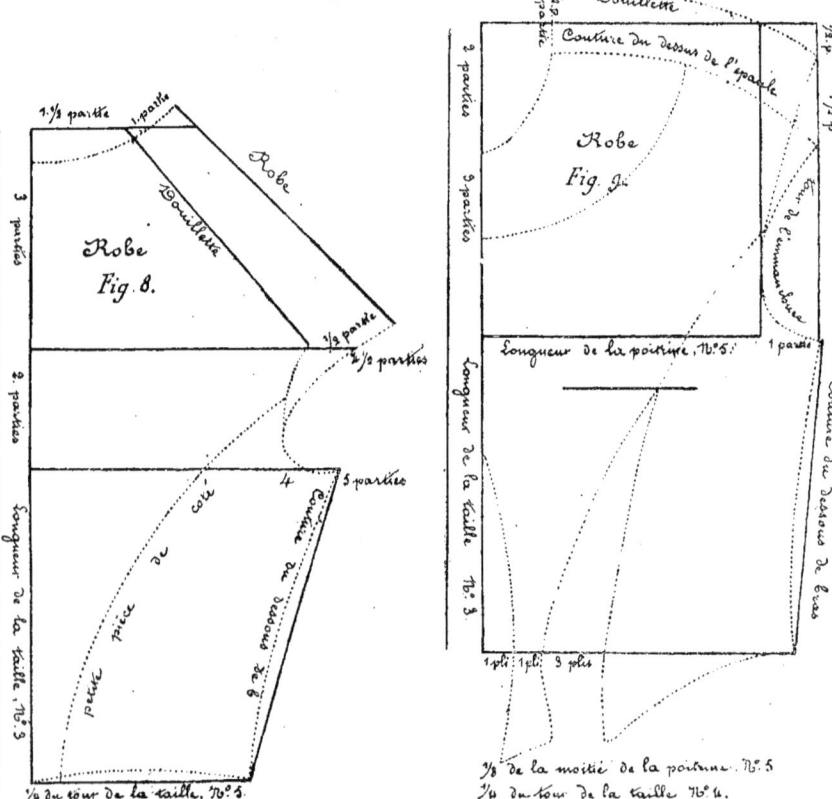

PATRON DE LA ROBE PRINCESSE (DOS).   PATRON DE LA ROBE PRINCESSE (DEVANT).

DE LA ROBE PRINCESSE

Nous avons donné cette place, toute particulière et comme en premier regard sur notre livre, à la robe princesse, parce que le patron de ce modèle s'applique à beaucoup d'autres et qu'il tient une grande place dans la mode d'aujourd'hui.

Cette robe a, du reste, une grâce et une élégance toutes particulières.

ROBE PRINCESSE

Le modèle de cette robe est à taille plate. Il a huit pièces; quatre pour le dos et quatre pour le devant.

PATRON DE LA ROBE PRINCESSE, TRACÉ SUR CELUI DE LA DOUILLETTE (DOS)

On tire deux lignes sur du papier, une en longueur et une en largeur, qui, réunies, forment une équerre, comme le représente la figure 4. Je prends le bout de ma mesure, je le pose à l'équerre et je mesure trois parties et demie des six que nous avons marquées par une entaille. Je fais un point qui marque ces trois parties et demie.

De ce point que je viens de marquer, j'en mesure encore deux que je marque aussi par un point; je prends l'autre bout de la mesure qui est entaillé et je le pose à la dernière mesure que je viens de prendre. Je mesure la longueur de la taille, qui est le n° 3, entaillé sur le bord de la mesure : avec une règle je tire trois lignes : la première où j'ai marqué trois parties et demie; la seconde où j'ai marqué deux parties; la troisième où j'ai marqué la longueur de la taille. Ces mesures que nous venons d'indiquer déterminent la longueur du dos.

Passons maintenant aux largeurs :

Sur la première ligne qui fait l'équerre, je mesure une partie et demie.

Sur la deuxième ligne je mesure quatre parties et demie.

Sur la troisième ligne je mesure cinq parties.

Sans ôter la mesure, un doigt au-dessus de la quatrième partie, je fais une marque pour indiquer l'endroit où l'on tourne pour faire l'échancrure du dessous de bras comme on peut le voir figure 4.

Sur la quatrième ligne je mesure un quart du tour de la taille, qui est le n° 5 : avec la règle je tire une ligne de l'endroit où j'ai tracé une partie et demie sur la première ligne, jusqu'à la deuxième ligne, sur laquelle on a marqué 4 et demi. Cette ligne est celle qui forme la couture du dessous de l'épaule : à partir de cette ligne qui indique la couture, je fais des points jusqu'à la marque qui détermine l'échancrure du dessous du bras, comme on le voit figure 4 ; avec le crayon on trace la couture du dessous du bras, à partir de l'endroit où sont marquées les cinq parties, jusqu'à la quatrième ligne, sur laquelle on a marqué le tour de la taille, en creusant légèrement comme l'indiquent les points de la figure 4, et suivant que sous le bras la personne est plus ou moins creuse.

Le dos se fait de deux pièces. On trace par des points au crayon un contour qui prend à la naissance du bras, du côté de l'épaule, et vient rejoindre le milieu du dos, au bas de la taille, en laissant la ligne à plus ou moins de distance de la couture, suivant la taille de la personne.

La douillette reste montante ; on échancre seulement un peu en commençant à la couture du milieu de l'épaule, ainsi que l'indiquent les petits points de la figure 4.

Le dos de la douillette étant dessiné, il devient dos de la robe en ajoutant au cou une partie en montant, en plaçant la mesure un peu en biais, comme l'indiquent les points de la figure, en ajoutant une partie et demie à l'emmanchure.

A l'emmanchure, on trace quelques petits points, pour qu'ils viennent rejoindre le contour du dessous du bras. On fait de même vers le cou. Ce dos de robe est notre figure 8.

PATRON DE LA ROBE PRINCESSE (DEVANT)

Ainsi que pour la figure 4, nous tirons deux lignes qui forment une équerre. Nous prenons le bout de la mesure du côté des six parties et nous mesurons, en hauteur du coin de l'équerre, deux parties que nous marquons par un point ; nous en remesurons trois, que nous marquons par un point également. Cela fait, nous prenons l'autre bout entaillé de la mesure, pour marquer la longueur de la taille, qui est le n° 3. Nous laissons momentanément le point qui marque les deux parties : nous tirons une ligne où sont marquées les trois. Un peu au-dessous de cette ligne, à la valeur d'un travers de doigt, nous tirons une petite ligne pour préciser la hauteur du pli au-dessous de la gorge. Une troisième ligne est tirée où l'on a marqué la longueur de la taille n° 3.

Passons aux largeurs :

Sur la première ligne du haut, qui aide à former l'équerre, et sur la seconde ligne, nous mesurons la largeur de la poitrine, qui est n° 4. Nous prenons l'autre bout de la mesure où sont marquées les six parties, et nous mesurons une partie sur la première et sur la seconde ligne du point où nous avons marqué la largeur de la poitrine.

Nous prenons la moitié de la mesure de la largeur de la poitrine, qui est le n° 4, nous la plions en trois pour en avoir le tiers. Ce tiers de la poitrine est ce qui sert à former les plis de la gorge. Nous le marquons sur la troisième ligne par un point. Nous prenons le our de la taille, qui est marqué par le n° 5 ; nous plions en deux cette mesure, ce qui infailliblement nous donne le quart de la taille : nous marquons ce quart de tour de taille sur la troisième ligne, après le point qui marque le tiers de la poitrine, et nous faisons un point. Sur la première ligne, où vous avez marqué la largeur de la poitrine, vous avez marqué à côté une partie ; vous avez marqué sur la deuxième ligne une seconde partie : placez votre règle de l'un à l'autre de ces deux points et tirez deux lignes. Prenez la longueur de la couture d'épaule du dos de la douillette, figure 4, posez cette couture au devant de la douillette, figure 5, et à partir de l'équerre de l'emmanchure, mesurez la longueur de la couture du dos, que vous marquerez, et l'excédant du devant vous donnera la grandeur de l'échancrure pour le cou. Nous prenons la bande du côté des parties; nous mesurons une demi-partie au cou, où nous avons arrêté la couture : cette demi-partie se mesure en élevant ; puis à l'équerre de l'emmanchure on mesure, en baissant, une autre demi-partie. Avec le crayon, on trace une ligne courbe du point où on l'a élevée jusqu'au point où on l'a abaissée : cette ligne doit être plus ou moins bombée, suivant que l'épaule est plus ou moins saillante : du tour du bras, où l'on a baissé la mesure, on descend en creusant jusqu'à la partie qui est marquée et qui forme le dessous du bras, comme l'indique, figure 5, patron de la douillette, notre patron mère. De l'endroit où se trouve marqué le dessous du bras, on descend jusqu'où est marquée la largeur du tour de de la taille, en creusant comme pour le dos.

MANIÈRE DE DIVISER LES PLIS

Vers la ligne qui marque la couture du milieu du devant, on mesure sur la ligne du tour de la taille un pli que l'on marque; de cette marque on mesure deux plis, que l'on marque comme les précédents sur la ligne du tour de la taille.

POUR ENLEVER CES TROIS PLIS

A la couture du devant et à la hauteur de la petite ligne qui indique la hauteur des plis, on commence un tracé qui descend en élargissant vers la ligne du tour de la taille pour rejoindre la marque où l'on a mesuré un pli.

Nous faisons un second tracé qui commence à la petite ligne qu'indique la hauteur des plis. On descend en rétrécissant vers la ligne du tour de la taille et à la marque où l'on a mesuré un pli.

On fait un troisième tracé qui commence comme le second, à la petite ligne des plis; on descend de même vers la ligne du tour de la taille rejoindre la marque où l'on a mesuré deux plis. Voir le dessin de ces modèles figure 9.

POUR FAIRE DISPARAITRE LES PLIS

Un pli a disparu à la couture du devant et deux par les tracés qui commencent à la petite ligne des plis et viennent rejoindre la ligne du tour de la taille sur laquelle on a mesuré deux plis.

Le devant de cette robe a deux pièces comme le dos. On les obtient par un tracé qui commence à la petite ligne des plis, précisément où le pli finit. Ce tracé est une ligne courbe qui tourne vers l'emmanchure du bras.

Le devant de la douillette étant dessiné, il devient devant de la robe, figure 9, en supprimant une partie autour du cou, et une partie et demie à l'emmanchure.

Nous avons indiqué les mesures à prendre et la manière de les disposer pour dessiner le patron de la jupe de la robe princesse. Ce modèle présente quatre lés pour la moitié de la jupe.

La taille et la jupe de la robe princesse sont, par devant et par derrière, d'une seule pièce, depuis le dessus des épaules jusqu'au bas de la jupe.

Pour couper cette robe on réunit les quatre pièces de la taille à celles de la jupe, dans le même ordre qu'elles sont placées.

Le premier lé du devant de la jupe au devant de la taille.

Le deuxième lé du devant de la jupe à la deuxième pièce du devant de la taille.

Le troisième lé de la jupe à la petite pièce du dos.

Le quatrième lé de la jupe au dos.

Le surplus de la largeur du lé de la jupe, au bas du dos, est pour faire les plis ou froncés.

Les manches sont plates et à coudes; on peut poser par-dessus une manche large, à la grecque, ou toute autre.

AUTRE PATRON DE ROBE PRINCESSE

Pour utiliser une ancienne robe.

DOS
D'UNE AUTRE ROBE PRINCESSE

Figure 8.

DEVANT
D'UNE AUTRE ROBE PRINCESSE

Figure 10.

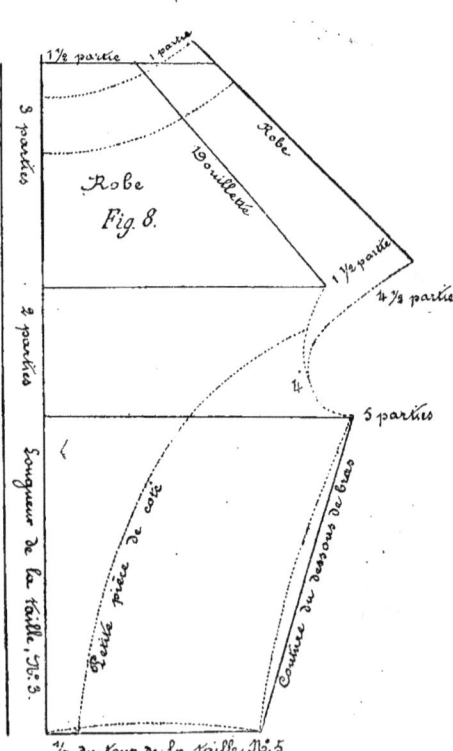

PATRON DE LA ROBE PRINCESSE (DOS)

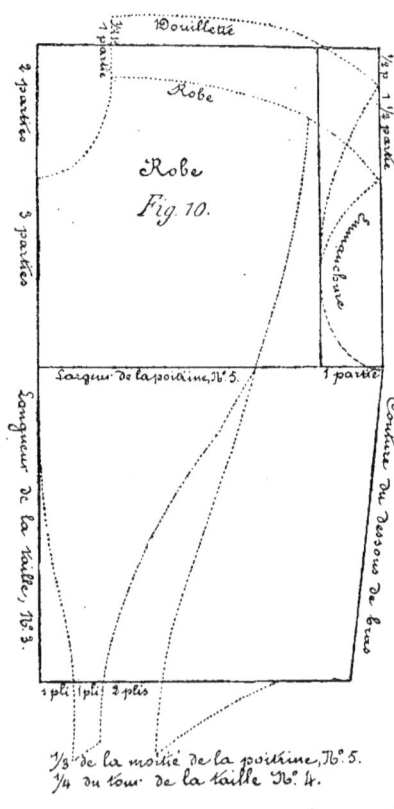

PATRON DE LA ROBE PRINCESSE (DEVANT)

DE LA POSSIBILITÉ DE FAIRE UNE ROBE PRINCESSE

AVEC UNE ROBE D'UNE AUTRE FORME

On peut faire valoir une ancienne robe et utiliser des morceaux en les mettant sur ce patron princesse ; les ajoutures deviennent alors des ornements par la manière dont on les masque.

On peut tirer parti de bien des choses quand on fait travailler chez soi ; ce qui est presque impossible quand on donne à travailler dehors.

Nous pensons être agréable à nos lectrices en donnant ci-après un modèle qui est le résultat de notre raisonnement. Ce modèle s'obtient par les patrons de la *Robe*, figures 8 et 10.

Si l'on n'a pas un morceau d'étoffe assez large pour la largeur du dos aux épaules, on peut y suppléer par la petite pièce dont le contour rejoint l'emmanchure vers le dessous du bras. Alors on dirige le tracé vers la couture du dessus de l'épaule en proportion du plus ou moins d'étoffe.

Pour le devant on peut procéder de la même manière. Si le morceau n'était pas assez large, même en faisant monter la ligne du contour jusqu'à l'épaule, on pourrait en tracer une seconde qui prendrait sa place depuis le bas comme le présente le second tracé qui s'arrête à la petite ligne des plis. Au lieu de s'arrêter à cette petite ligne, on conduit le tracé comme le premier, jusqu'à la couture du dessus de l'épaule.

Pour plus de facilité on coupe d'abord la doublure de la robe, comme nous l'avons dit plus haut. C'est sur sa doublure que l'on ajuste les petits morceaux. On a pour cacher ces coutures mille et un petits riens chez le passementier, qui ne coûtent que quelques centimes et qui servent d'ornements.

Voir le patron figure 10.

MESURE A PRENDRE POUR LA JUPE DE LA ROBE PRINCESSE

Pour cette jupe longue on ajoute aux mesures de la jupe ronde ce que la mode exige pour faire la traîne de cette longue jupe.

On commence droit derrière, et l'on vient finir devant en arrondissant.

Pour les largeurs, on mesure le tour de la taille; on plie cette mesure en deux pour en prendre la moitié, et l'on fait une marque dans le milieu de la bande. On mesure la circonférence du bas du jupon, on plie cette mesure et l'on marque dans le milieu de la bande la moitié.

La mesure du tour de la taille se divise en quatre parties égales. Pour avoir ces quatre parties on plie la mesure en deux, et ces deux mesures en deux autres qui donnent les quatre.

On procède de la même manière pour mesurer le bas du jupon, que l'on divise en quatre. Ces mesures ainsi divisées donnent la mesure des lés de la jupe dans le bas et dans le haut. On ajoute à cette mesure ce que l'on veut mettre pour l'ampleur.

Pour faire ce patron, on dispose quatre grandes feuilles de papier; elles doivent avoir la longueur et la largeur des mesures qui viennent d'être prises. Les quatre feuilles représentent la moitié de la jupe, qui a huit lés. Chaque lé a l'un des côtés droit fil, l'autre a du biais. Ce biais se trouve fait par la différence de la largeur du bas de la jupe d'avec la largeur du haut. Au lé du milieu de la jupe par derrière, dans le haut (c'est-à-dire à la ceinture), on ajoute à la couture où est le biais de quoi faire deux gros plis ou des froncis.

POUR ASSEMBLER LES COUTURES

On met le droit fil du premier lé devant pour indiquer le milieu de la jupe. Au biais de ce lé on joint le droit fil du second lé de devant. Pour les deux lés de derrière on procède comme pour ceux de devant, le droit fil du lé marque le milieu de la jupe par derrière.

On assemble la partie du dos avec celle du devant par une troisième couture sur la hanche, qui réunit les deux biais.

On arrondit le bas de la jupe pour faire tomber les pointes que donnent les biais aux coutures.

POUR MONTER LE JUPON

La couture qui réunit les deux biais doit être placée sur la hanche. La place de la poche se trouve marquée par la première couture du devant.

APPLICATION

des règles qui précèdent

AUX

TOILETTES REPRÉSENTÉES

PAR NOS

PLANCHES DE MODES

TOILETTES D'ENFANTS

(Ces modèles sont ceux de notre planche III.)

La toilette de la jeune fille du milieu du groupe se compose d'une double jupe avec corsage plat et d'une veste espagnole. La veste espagnole descend un peu plus bas que la taille.

Le patron du corsage est celui de la robe, dos figure 8, et devant figure 9.

Pour tracer le patron de la veste espagnole on ajoute un peu, pour la longueur, au bas du patron.

A la couture du milieu du dos, à celles des deux côtés de la petite pièce, et à celle du dessous de bras, on descend en élargissant pour donner l'ampleur nécessaire à ce qui dépasse la taille.

Le patron du devant est celui de la robe.

On ajoute à la couture du dessous de bras ce que l'on a ajouté à celle du dos (ces deux coutures devant être réunies); le devant est arrondi.

On commence le tracé vers le cou, on descend en arrondissant rejoindre la couture du dessous de bras. La manche est plate, un peu large, coude arrondi. Garniture, affaire de goût.

La deuxième figure, celle de gauche de la première, a une robe à taille plate avec un pardessus à manches et capuchon et gibecière au côté. Le patron de la robe est celui de notre patron de robe, dos figure 8, et devant figure 9.

Le patron du pardessus est celui de la douillette, dos figure 4, et devant figure 5.

Pour tracer le dos de ce modèle, formez votre équerre sur une feuille de papier. Placez le dos le long de la ligne montante, dessinez le tour du cou. Possz le crayon sur le bout de la couture du dessus de l'épaule, du côté du cou. Pendant que vous le tenez avec la main droite ferme pour éviter un changement de place, avec la gauche prenez le bas du patron pour le retirer un peu de la ligne montante où il est placé, pour donner de l'ampleur; dessinez tout autour. Cette empreinte prise, retirez le patron. On ajoute à la couture du dessous de bras à proportion de ce que l'on a ajouté au milieu du dos.

A la couture du milieu du dos et à celle du dessous du bras on ajoute ce que l'on veut donner de longueur à ce pardessus, qui descend sur la jupe. A l'emmanchure, on ajoute 2 centimètres; on descend en élargissant jusqu'à la ligne du tour de la taille, où l'on a marqué la largeur, et de cette marque on descend à celle qui détermine la longueur. On arrondit la pointe que donne le biais à la couture du dessous du bas.

Le devant est celui de la douillette figure 5. On ajoute à la couture du dessous du bras en longueur et en largeur ce que l'on a ajouté à celle du dos. On arrondit le bas à la couture, comme on l'a fait pour le dos.

Pour tracer le patron du capuchon, on réunit les patrons du dos et du devant vers l'emmanchure et le cou. Pour tracer la pièce, on commence à la couture du milieu du devant. On mesure deux parties. On descend en élargissant, rejoindre la couture du dessus de l'épaule, et l'on descend en arrondissant vers la couture du milieu du dos. Ce tracé forme une pièce étroite devant qui descend en élargissant au bas des épaules. L'échancrure du tour du cou se fait sur celle de la douillette. Tout autour du bord de la pièce on fait une coulisse pour passer un ruban qui serre le bord et donne la forme de la capeline. Les manches sont plates, un peu larges, coude arrondi. Des boutons ferment le vêtement par devant.

La troisième figure présente une jupe à carreaux et un corsage de velours.

Le patron de ce corsage est celui de la douillette, dos figure 4, et devant figure 5.

Le tour de la taille est orné de cinq pattes taillées en pointe et ornées de passementerie.

Les manches sont plates, étroites, coude arrondi ; le bord de la manche est illustré comme les pattes.

COSTUMES DE GARÇONS

Ces modèles sont ceux de notre planche IV.

Cette planche représente trois jeunes garçons que je désigne suivant leurs tailles par l'aîné, le second et le plus petit.

Les vestes des deux premiers sont faites sur le patron de la douillette. Le dos est d'une seule pièce. On ajoute à la longueur de la taille par derrière, sur les hanches et devant, ce que doit avoir le vêtement qui descend plus bas que la taille. Deux poches sont placées, une de chaque côté, sur le devant. Une deuxième poche est placée un peu en biais sur le côté droit, à la hauteur de la poitrine. Un petit col droit dans le haut et une agrafe ferment le vêtement de l'aîné des garçons.

La veste du second reste ouverte et forme un revers.

Le vêtement du plus petit est fait sur le patron de la douillette. Le dos a une couture au milieu, parce qu'il est cambré à la taille. Du bas du dos à la taille, on creuse un peu le patron, et l'on descend en élargissant jusqu'au bas du vêtement. Le bord de cette veste est orné d'un feston qui est carre. On soustrait un peu d'étoffe pour donner la distance de l'un à l'autre. Les manches sont plates et un peu larges.

POUR COUPER CES VESTES.

Le dos, le devant et les manches sont pris au droit fil de l'étoffe, c'est-à-dire dans le sens de la lisière.

Quand un vêtement doit être doublé, on coupe les doublures le premières. On laisse autour du patron ce qu'il faut pour les coutures. Les coutures sont celles du milieu, du devant, le dessus de l'épaule et le dessous du bras. Le tour du cou, l'emmanchure et le bas de la taille sont des échancrures; on ne laisse rien.

Pour avoir plus de facilité à faire les coutures, on peut, avec un crayon, faire un tracé tout autour du patron; ce tracé indiquera où l'on doit coudre.

POUR ASSEMBLER LES PIÈCES DE LA TAILLE ET LES COUDRE.

On réunit la couture du dessus de l'épaule du dos, à celle du devant, en commençant du côté de l'emmanchure, où l'on met les deux pièces égales. S'il y avait une différence, c'est vers l'échancrure du cou qu'il faudrait égaliser. (Cette différence proviendrait de la ligne, qui aurait été plus ou moins bombée au devant.) Pour la couture du dessus du bras on réunit les coutures du dos à celles du devant, en commençant à l'emmanchure, comme on a fait pour celle du dessus de l'épaule. Si l'une d'elles était plus longue, c'est au bas de la taille qu'il faudra égaliser. Les coutures du dessus de l'épaule et du dessous du bras, réunies, le tour de l'emmanchure doit avoir huit parties et demie. Les ornements sont affaire de goût et facultatifs.

COSTUMES DE JEUNES FILLES

(Planche IV.)

Les gravures de cette planche présentent trois jeunes filles. La guimpe de l'aînée est faite sur le patron de la robe, dos figure 8, et devant figure 9. Le dos et le devant ont de gros plis. Ces plis se tracent avant de couper l'étoffe. C'est après les avoir cousus que l'on pose le patron sur l'étoffe.

La taille de la robe est à basque. Pour tracer son patron, au bas de la couture du milieu du dos à celle des dessous du bras, et à celle du milieu du devant, on mesure ce que l'on veut donner de longueur à cette pièce, qui descend sur les hanches Ces longueurs marquées, on prolonge la ligne des coutures jusqu'à la marque, et avec le crayon on fait un tracé qui commence au bas de la taille et vient en s'élargissant jusqu'à la marque qui indique la longueur.

Cette pièce fait la pointe par devant et par derrière. Le dessus des hanches est plus court. On échancre cette partie en arrondissant.

On commence ce tracé à la pointe du devant, on monte vers la hanche, et l'on redescend par derrière. A la ligne du milieu du devant, la basque est ouverte par devant dans le bas; pour cela on échancre la pointe. La décolleture est coupée carrée vers les épaules; la naissance du bras indique la hauteur pour faire ce tracé. Les manches sont plates et un peu larges; les ornements sont facultatifs.

La deuxième jeune fille présente une taille plate : dos de robe figure 8 avec le devant de la figure 9. Les manches sont plates; la taille est parée par un fichu de forme Marie-Antoinette.

Pour avoir le patron de ce fichu on place le dos et le devant de la robe sur une grande feuille de papier. On réunit le dos et le devant à la couture du dessus de l'épaule; on croise le rond du dessus de l'épaule pour ajuster les pièces vers l'emmanchure et vers le cou. Le dos et le devant ainsi réunis forment la couture sur l'épaule. On prolonge ce tracé de couture par une ligne que l'on courbe un peu; on la prolonge jusqu'en face du contour du dessous du bras que présente l'emmanchure du patron. Cette longueur que l'on ajoute à cette ligne de la couture est pour que le fichu descende un peu sur le bras. La gravure de modes indique le plus ou moins de longueur à donner. (Je dis plus ou moins, parce que quelquefois le fichu s'arrête à la hauteur de l'emmanchure de la robe; d'autres fois il descend sur le bras.)

Pour faire le tracé du patron on commence à la ligne du milieu du dos et l'on vient en arrondissant joindre la ligne que nous avons marquée sur l'épaule. De cette ligne, qui indique le dessus de l'épaule et du bras, on descend en rétrécissant et en arrondissant un peu, rejoindre le bas de la taille. Vers le tracé des plis on prolonge les pans pour leur donner une longueur qui leur permette de venir se nouer au bas de la taille par derrière. Le bas des pans est carré. La garniture est affaire de goût.

La troisième jeune fille présente une taille plate, décolletée en carré vers les épaules. Ce patron est celui de la robe, dos figure 8 et devant figure 9. Ce devant n'a pas de plis.

L'étoffe pour cette taille est coupée dans un demi-biais, comme le présente la gravure. Nous laissons à nos jeunes sœurs le plaisir et le soin de parer leur poupée.

QUATRE COSTUMES DE DAMES.

Ces modèles sont ceux de la planche n. V.
(Nous les décrivons en commençant par la gauche.)

Première toilette (Laure). Le patron est celui de la douillette, dos figure 4, et le devant figure 5. Manches collantes. Première jupe à volant à la vieille; polonaise formant seconde jupe garnie d'un large biais de velours ou de satin; franges riches à tête réseau; ceinture avec nœud abeille et trois pans. La garniture du corsage simule la forme décolletée du carré.

Deuxième toilette (Montpensier). Costume en beau taffetas Raphaël.

Le patron de ce costume est le même que le précédent. Le volant de la première jupe forme manteau de cour. La deuxième jupe forme un carré fendu sur le côté et retenu par un nœud : biais de même étoffe formant tête de volant. La garniture du corsage simule le décolleté en carré. Manches plates.

Troisième toilette (Lavallière). Costume en drap amazone. Le patron de cette confection est dos figure 4, et le devant figure 5. Première jupe avec volant gros, plissé; deux biais coquillés forment la tête du volant. La même garniture autour de la confection formant une seconde jupe; nœud abbé galant dans le dos, et une châtelaine de chaque côté sur les hanches. Manches plates.

Quatrième toilette (Lauzun). Robe en drap ornée de broderies et franges noires très-riches. Le patron de cette robe est le même que le précédent. La confection est à retroussis camargo. La garniture du corsage est forme pèlerine ronde, avec effilé.

QUATRE COSTUMES DE DAMES.

Ces modèles sont ceux de la planche n. VI.
(Nous les décrivons en commençant par la gauche.)

Première toilette (Lara). Le patron de cette figure est celui de la douillette, dos figure 4 et devant figure 5. Manches plates. Costume popelinette rayée, grise nuancée. Première jupe, volant tout coquillé; seconde jupe, camargo, également à volant, relevée sur le côté et retenue par un nœud formé de quatres coques disposées dans le même sens. Un rang de boutons gradués du haut du corsage en bas de la seconde jupe. Au corsage, garniture posée en pèlerine arrondie.

Deuxième toilette (Amélie). Le patron de ce modèle est le même que le précédent. Corsage plat, manches plates. Costume amazone, pure laine, à peu près même forme que le précédent, avec cette différence que le volant est plissé à la vieille, et que la pèlerine carrée est fermée par un chou en harmonie avec celui de la ceinture.

Troisième toilette (Mac-Grégor). Pour cette toilette, même patron que le précédent. Corsage plat, manches plates. Costume tartan écossais, de tous les clans, jupe à volant; confection ajustée avec petite pèlerine carrée et fermée par un volant, ceinture flottante.

Quatrième toilette (Augusta). Le patron de cette toilette est encore celui de la douillette, dos figure 4 et devant figure 5. Corsage plat, manches plates.

Costume style Louis XV, en belle serge de laine. La seconde jupe à retroussis est garnie d'un double volant plissé à plat, nœud sur le côté. Le corsage forme bretelles non croisées.

CINQ CONFECTIONS — (PLANCHE VII).

(Nous commençons toujours par la gauche.)

PREMIÈRE TOILETTE. — ÉMILE.

Première toilette (Emile). Paletot de forme droite, devant jusqu'à la taille : coupé depuis la taille jusqu'au bas de sa longueur du côté des hanches, pour laisser voir le devant de la robe : dos flottant. Ce vêtement est un beau drap noir duité très-épais ; envers, fourrure, garni de biais et de ruches de satin ; tout autour, épaulières aux manches.

PATRON DE LA CONFECTION DE LA TOILETTE ÉMILE.
DOS.

Le dos de ce vêtement se fait sur le patron de la douillette figure 4, avec son petit côté.

La mode et le goût décident de la longueur à donner à cette confection, qui est plus longue que la taille. Elle descend sur les hanches. On ajoute au bas du patron, à la couture du milieu du dos et à celle du dessous du bras, ce que l'on veut donner de longueur.

Pour avoir les proportions, on trace sur le papier deux lignes formant l'équerre. On pose le patron le long de la ligne montante, on trace le tour du cou. Ce tracé étant fait, sans changer le patron de place, avec la main, on pose le bout du crayon sur le bout de la couture du dessus de l'épaule du côté du cou ; on tient ferme le crayon avec la main droite pour éviter un changement de place, pendant que de la main gauche on prend le patron au bas de la taille, et on le retire de la ligne droite pour lui donner l'ampleur voulue au bas du dos. On fait un tracé tout autour du patron. On comprend dans ce tracé ce que l'on a ajouté au bas du patron pour la longueur, à la couture du milieu du dos et à celle du dessous du bras. Ce tracé fait, on retire le patron, dont on a l'empreinte sur le papier. On ajoute à la couture du dessous du bras, en largeur, ce que l'on a ajouté au milieu du dos (c'est-à-dire ce que l'on a obtenu en retirant le patron de la ligne montante). On marque la couture du dessous du bras par un tracé que l'on commence à l'emmanchure, à laquelle on ajoute deux centimètres, et l'on descend, en élargissant, rejoindre où l'on a marqué la longueur et la largeur. Les coutures qui ont des biais font la pointe ; il faut avoir soin d'arrondir. Voir les petits points du dessin.

DEVANT.

Le devant de ce vêtement se fait sur le patron de la douillette figure 5.

On ajoutera au bas du patron, à la couture du milieu du devant et à celle du dessous du bras, les mêmes longueurs que celles qui ont été ajoutées au bas du dos et à la couture du dessous du bras.

On trace deux lignes sur le papier, formant l'équerre. On pose le patron le long de la ligne montante. On trace le tour du cou. Ce tracé étant fait, sans changer le patron de place, avec la main droite on pose le bout du crayon sur le bout de la couture du dessus de l'épaule, du côté du cou. On tient ferme le crayon avec la main droite pour éviter un changement de place, pendant que de la main gauche on prend le patron au bas de la taille et on le retire de la ligne droite pour lui donner l'ampleur voulue au bas de la taille. On fait un tracé tout autour du patron, comme pour le dos. On comprend dans ce tracé ce que l'on ajoute pour les longueurs à la couture du milieu du devant et à celle du dessous du bras. L'empreinte étant prise, on retire le patron, et l'on ajoute en largeur, à la couture du dessous du bras, la proportion qui a été ajoutée au milieu du devant. On trace la couture du dessous du bras en commençant à l'emmanchure, où on ajoute deux centimètres. On descend en élargissant rejoindre où l'on a marqué la longueur et la largeur. Les coutures qui ont du biais font la pointe. Il faut les arrondir. Voir le dessin.

Le tour du cou a un petit col droit. On l'échancre du côté où il doit être cousu au dos de la confection. L'échancrure se fait droit derrière, pour finir à la couture du dessus de l'épaule. Devant, on arrondit les bouts.

Ce vêtement est fermé vers le col par une agrafe par dessous, et des boutons extérieurement. Si l'on veut qu'il joigne à la taille, on fait, devant, à la ceinture, deux plis, un de chaque côté.

Les manches sont plates et forment le coude.

Pour couper l'étoffe.

Le dos et le devant se prennent dans le droit fil (celui de la lisière.)

A la place où l'on pose les boutons, entre la doublure et l'étoffe, on met une bande de toile ferme.

JUPE ÉMILE

La jupe Émile est le modèle de celui de la robe Princesse, avec deux modifications. La première, la jupe est moins longue derrière, elle fait moins la traîne. La deuxième, elle a plus d'ampleur dans le haut, vers la ceinture. Pour la première modification, on supprime au lé du derrière de la jupe, en perdant, jusqu'au deuxième lé, une partie de la longueur.

Deuxième modification : à chaque lé, et à la couture de biais, on ajoute de quoi faire un gros pli vers la ceinture. On commence le tracé au bas du lé de la jupe, et l'on rejoint, en élargissant, le haut de la jupe vers le tour de la taille.

Pour couper cette jupe, on procède comme pour celle de la robe Princesse.

Pour assembler les lés, on agit de même. Les coutures étant faites, on fait le pli avec ce que l'on ajoute aux coutures. Le pli se fait sous la couture.

Elégant. Deuxième toilette.

Paletot parisien en bon duité noir, biais de faye à bord de satin, forme nouvelle, col, poche et manche, même garniture.

Ce paletot est exactement celui de l'Émile, à la seule différence près qu'il croise et ferme jusqu'au bas.

Le tour du cou a un petit col qui rabat, avec pointes devant.

Rosita. Troisième toilette.

Basquine pince-taille en drap noir, très-belle qualité, bordée de beaux biais de satin, belle frange, forme poire. Ceinture avec bouts flottants.

Dos.

Le patron de cette basquine est celui du dos de la douillette avec une petite pièce tracée par côté, figure 4.

Pour le préparer, mesurez la longueur que doit avoir ce vêtement.

Première mesure : depuis le bas du dos (creux de la taille) jusque sur la jupe, à la longueur que vous voulez lui donner.

Deuxième mesure : depuis le joint de la hanche jusqu'au point d'arrêt de la première mesure.

Troisième mesure : depuis la naissance du cou, en passant sur le ventre et venant aboutir au point des deux autres.

Sur une grande feuille de papier, on trace deux lignes formant l'équerre. On pose le dos le long de la ligne montante, après en avoir retiré préalablement la petite pièce. On trace le tour du cou. On pose le bout du crayon sur le bout de la couture du dessus de l'épaule du côté du cou. On le tient ferme avec la main droite pour éviter qu'il ne change de place, pendant qu'avec la main gauche on prend le patron au bas du corsage pour le retirer un peu de la ligne. On fait un tracé autour du patron, sur le papier ; cette empreinte prise, on mesure, le long de la ligne montante, la première mesure que l'on a prise, depuis le bas du dos, sur la jupe. Au côté du dos où l'on a retiré la petite pièce, on marque la même longueur. A ces deux coutures où ont été marquées les longueurs que l'on veut donner à ce vêtement, on ajoute pour les largeurs à proportion de la circonférence que donne

PATRON DE BASQUINE PINCE-TAILLE (DOS).

le tour des jupons. On commence au bas du dos un tracé que l'on descend en élargissant. Voir le dessin.

Pour la petite pièce qui a été retirée du dos, on la pose sur une grande feuille de papier. On fait un tracé tout autour du patron. L'empreinte prise, on retire le patron. A partir de la ligne que détermine la longueur du corsage, on prolonge une ligne droite jusqu'au point fixé par votre mesure pour la longueur de la pièce du dos. Cette ligne que nous venons d'indiquer est celle qui se joint au côté du dos d'où elle a été retirée. L'autre côté de cette pièce est la couture du dessous du bras. On élargit cette pièce par un tracé qui commence à l'emmanchure, à laquelle on ajoute deux centimètres, et l'on descend, en élargissant, rejoindre les longueurs précédentes. Ces deux pièces font la partie pour le dos.

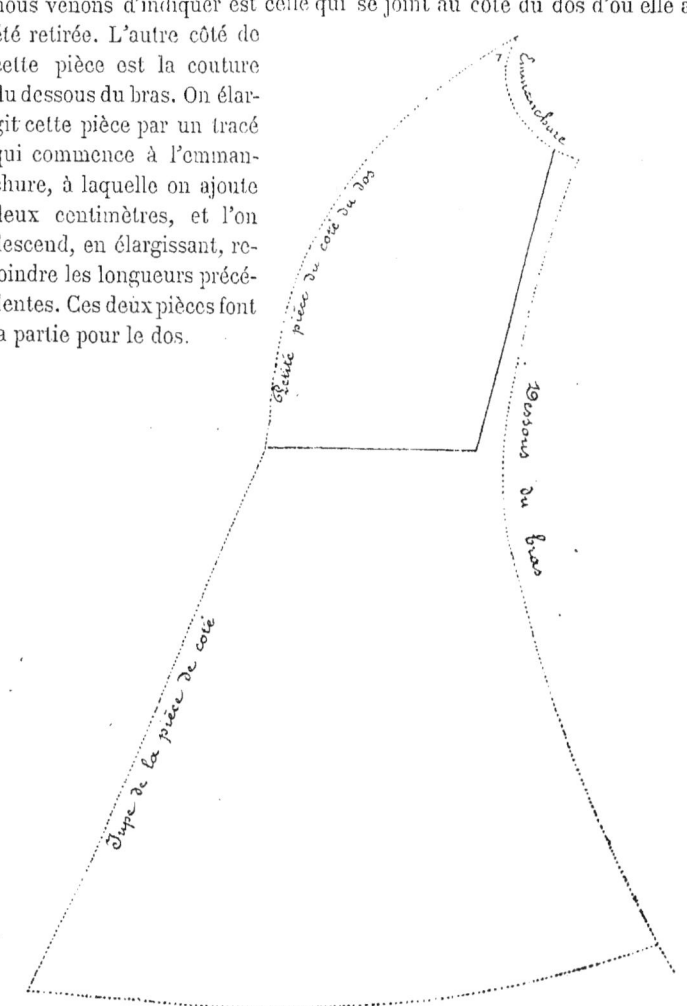

PIÈCE DU DOS DE BASQUINE-PINCE-TAILLE

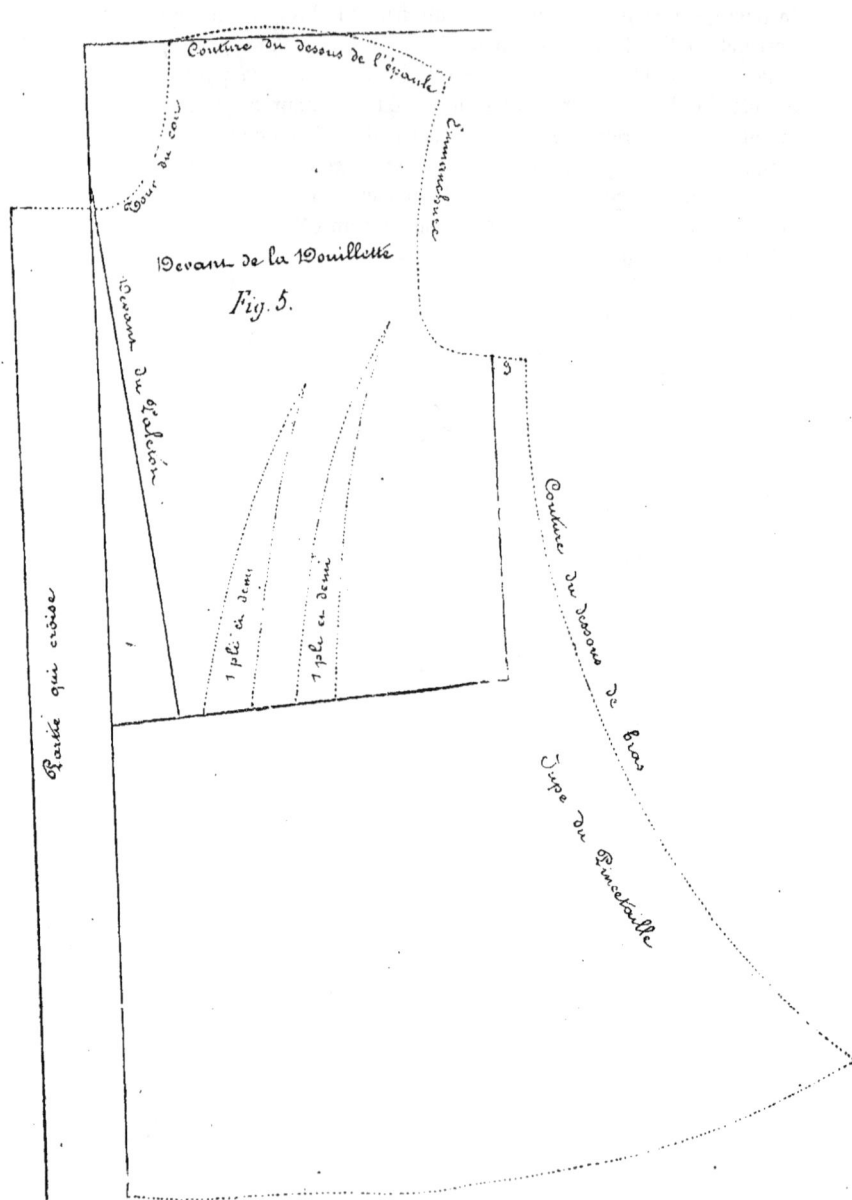

PATRON DU DEVANT DE BASQUINE PINCE-TAILLE.

Ce patron, étant celui de votre robe, est juste. Le pardessus doit avoir un peu plus de grandeur; vous ajouterez donc aux coutures deux centimètres, ou trois, suivant que vous désirerez être plus ou moins serrée.

On peut, pour les vêtements qui sont des pardessus, prendre une mesure sur la robe, ce qui dispensera d'ajouter aux coutures.

DEVANT DE LA BASQUINE PINCE-TAILLE.

Ce patron est celui de la douillette, figure 5.

Nous prenons une grande feuille de papier sur laquelle nous traçons deux lignes pour l'équerre. On place le patron le long de la ligne montante; le patron ainsi placé, on pose la mesure vers le cou, et l'on mesure, en descendant, la longueur qui a été prise depuis la naissance du cou jusqu'à la longueur qui a été fixée pour ce vêtement, par-devant. Sans changer le patron de main, on marque la place des plis au bas du corsage; on dessine le tour du cou. Je pose le bout du crayon sur le bout de la couture du dessus de l'épaule, du côté du cou; je le tiens ferme avec la main droite pour éviter un changement de place, pendant qu'avec la main gauche je prends le bas du patron pour le retirer de la ligne vers laquelle il est placé. Pour donner de la largeur, on fait un tracé tout autour du patron. L'empreinte prise, on retire le patron; on donne de la largeur à la couture du dessous du bras en proportion du devant; on fait le tracé, que l'on commence à l'emmanchure, à laquelle on ajoute deux centimètres; l'on descend rejoindre la longueur de la jupe de ce vêtement; on arrondit les coutures; les manches sont plates.

LELIA, QUATRIÈME TOILETTE.

Paletot cintré garni de biais de faye et de satin, avec ornement de tresse de boutons et de franges-boules en drap Moskowa très-épais.

Ce patron est le dos de la douillette, figure 4, et le devant, figure 5.

On ajoute à la longueur du dos celle que l'on veut donner au paletot.

Le dos de ce paletot est de deux pièces dans sa longueur, réunies à la taille par une couture. On échancre la pièce de la jupe droit derrière, et l'on vient, en perdant, vers la couture qui est de côté. Cette échancrure est pour cintrer le dos vers la taille.

DEVANT DU PALETOT CINTRÉ.

Le devant de ce vêtement se fait sur le patron de la douillette, figure 5.

On ajoutera au bas du patron, à la couture du milieu du devant et à celle du dessous du bras, les mêmes longueurs que celles qui ont été ajoutées au bas du dos et à la couture du dessous du bras.

On trace deux lignes sur le papier, formant l'équerre. On pose le patron le long de la ligne montante. On trace le tour du cou. Ce tracé étant fait, sans changer le patron de place, avec la main droite on pose le bout du crayon sur le bout de la couture du dessus de l'épaule, du côté du cou. On tient ferme le crayon avec la main droite pour éviter un changement de place, pendant que de la main gauche on prend le patron au bas de la taille et on le retire de la ligne droite pour lui donner l'ampleur voulue au bas de la taille. On fait un tracé tout autour du patron, comme pour le dos. On comprend dans ce tracé ce que l'on a ajouté pour les longueurs à la couture du milieu du devant et à celle du dessous du bras. L'empreinte étant prise, on retire le patron et l'on ajoute en largeur, à la couture du dessous du bras, la proportion qui a été ajoutée au milieu du devant. On trace la couture du dessous du bras en commençant à l'emmanchure, où on ajoute un peu. On descend, en élargissant, rejoindre où l'on a marqué la longueur et la largeur. Les coutures qui ont du biais font la pointe, il faut les arrondir. Voir le dessin.

Le tour du cou a un petit col droit. On l'échancre du côté où il doit être cousu au dos de la confection. L'échancrure se fait droit derrière pour finir à la couture du dessus de l'épaule. Devant, on arrondit les bouts.

Ce vêtement est fermé vers le col par une agrafe par-dessous, et des boutons extérieurement.

Les manches sont plates et forment le coude.

POUR COUPER L'ÉTOFFE.

Le dos et le devant se prennent dans le droit fil (celui de la lisière).

A la place où l'on pose les boutons, entre la doublure et l'étoffe, on met une bande de toile ferme.

Le patron de la jupe est celui de la robe Princesse.

CINQUIÈME TOILETTE, STUART.

Cette toilette Stuart est une double pèlerine écossaise en diagonale, frange assortie à la première pèlerine et relevée par un chou russe.

Ces deux pèlerines se font sur le même patron de la douillette, dos figure 4 et le devant figure 5. Elles ne diffèrent que par la longueur.

Pour tracer ce modèle :

Prenez une très-grande feuille de papier; faites l'équerre au milieu, posez le dos de la douillette, figure 4, le long de la ligne montante, et dessinez le tour du cou. Avec la main droite, posez votre crayon à l'encolure; avec la main gauche, prenez le patron au bas de la taille, éloignez-le un peu de la ligne en formant un pli d'éventail. On fera ce pli plus ou moins ample, suivant qu'on voudra donner à la pèlerine plus ou moins d'ampleur. Dessinez le patron tout autour; cette empreinte prise, retirez-le; prenez aussi le devant de la douillette figure 5, et rejoignez-les autour de l'emmanchure et vers le cou; alors le rond de l'épaule de la partie du devant qui nous est inutile croise sur le dos. On dessine tout autour le devant; cette empreinte prise sur le papier, on prend le milieu de l'emmanchure du bas, d'une couture à l'autre, c'est-à-dire depuis le contour du dessous du bras, du dos, à celui du devant; on pose la mesure d'un contour à l'autre; on plie cette mesure en deux; on marque la moitié par un point. On mesure le tour du cou en posant le bout de la mesure au milieu du dos jusqu'à celui du milieu du devant. On plie cette mesure en deux, on en marque la moitié par un point. On place la règle et on tire une ligne d'un point à l'autre.

La ligne que nous venons de tirer vient faire l'équerre avec celle qui a été tirée sur la feuille de papier pour prendre l'empreinte du dos. Cette ligne marque la place de la couture du dessus de l'épaule.

Les mesures de ces deux pèlerines se prennent depuis le cou jusqu'où l'on veut qu'elles descendent sur la robe.

Pour tracer le bord de la pèlerine, on prend un cordon que l'on enroule autour d'un crayon tenu très-droit d'une main, comme si c'était une branche de compas. Avec l'autre main vous tenez le cordon fixé à l'équerre. Vous portez le bout du crayon où vous avez marqué la longueur que doit avoir la pèlerine droit derrière, c'est-à-dire à la ligne qui marque celle du milieu du dos. De cette ligne à celle du milieu du devant, on forme la ligne courbe en passant le crayon d'un point à l'autre comme on le ferait avec un compas. Ce tracé est celui du bord de la pèlerine.

Si votre crayon a été tenu droit, et si le doigt qui retient le cordon à l'équerre n'a pas bougé, vous devez trouver la même hauteur des deux côtés.

Remarquez que le cercle tracé comme nous venons de le faire donnerait trop d'ampleur à la pèlerine sur le devant, à proportion du dos. Pour que ce devant soit proportionné à l'autre partie (le dos), je supprime deux parties en hauteur droit devant, et viens rejoindre, en perdant, la ligne qui marque le dessus de l'épaule.

Les pèlerines n'ayant pas de plis, devant, on supprime un tiers du milieu de la poitrine en largeur, comme suit : là où le demi-cercle a été arrêté, c'est-à-dire à la ligne du milieu du devant, on mesure, sur la largeur, un tiers du milieu de la moitié de la poitrine que l'on marque d'un point. On pose la règle de l'encolure du devant jusqu'au point que l'on vient de marquer ; et de l'un à l'autre on tire une ligne qui est celle du milieu de la pèlerine.

Pour couper l'étoffe :

C'est dans un demi-biais que l'on prend l'étoffe pour couper le dos des pèlerines.

Ceci est la règle générale pour tailler toutes les pèlerines, quelle que soit la mode.

TOILETTES DE VILLE ET DE SOIREE.

Ces modèles sont les patrons de nos gravures, planche VIII.

Première toilette. Robe de faille blanche, première jupe ronde, ornée devant d'un volant pareil sur lequel retombe un volant moins haut, en blonde blanche, surmonté d'un large bouillonné de satin blanc encadré dans deux rouleaux pareils. Tunique formant manteau de cour orné de même, sauf que le bouillonné de satin a au-dessus un petit volant, le pied en bas, qui lui sert de tête. La tunique, relevée assez bas, vient recouvrir la première jupe, et l'ornement s'arrête à peu près à la hauteur du genou, terminé par un nœud Marguerite fait avec des rouleaux de satin. Des nœuds semblables, posés de distance en distance, ornent le devant de la première jupe et montent jusqu'à la ceinture. Par-dessus ces jupes ainsi disposées, est un pouf très-bouffant qui tient au corsage et qui forme devant comme deux basques arrondies en ailes de papillon, ces basques ornées également d'un bouillonné de satin et d'un volant de blonde blanche qui se continue derrière et retombe sur la jupe à queue. Le pouf est retenu des côtés par des nœuds Marguerite. Le corsage, très-décolleté, est orné, en Berthe bretelle, d'un large bouillonné de satin entouré de blonde qui vient, en s'amincissant, se perdre sous la ceinture ronde, attachée devant par un chou de satin blanc. La manche n'est formée que par trois petits volants de blonde blanche. Coiffure Manon avec torsade de perles et nœud Marguerite sur un côté.

Tous les nœuds de cette toilette peuvent être mélangés de perles ; elle n'en aura que plus d'éclat. Elle est charmante en toutes couleurs, en ayant soin d'observer toujours le mélange de deux étoffes, l'une mate et l'autre brillante, telles que velours et satin, gros grain et taffetas, et même un broché avec velours ou satin pour les bouillonnés. Les parures d'or ou de perles lui conviennent surtout. On peut en faire une très-belle robe de mariée en y ajoutant soit une guimpe et des manches de blonde blanche très-recouvertes de rouleaux de satin, soit un corsage montant de blonde.

Le patron de cette toilette est le dos de la robe, figure 8, et le devant, figure 9.

Pour tracer les bretelles de ce corsage, réunissez sur l'épaule le patron du dos à celui du devant. Tracez la largeur des bretelles sur le patron en commençant le devant au bas de la taille. Faites faire à la Berthe le même contour des épaules en suivant l'échancrure du corsage et redescendez derrière au bas de la taille

Les garnitures se posent sur cette bretelle.

Le patron de la petite manche se coupe sur le haut de la manche plate. Le contour et les échancrures sont les mêmes.

DEUXIÈME TOILETTE.

Robe de satin violet-évêque. Jupe ronde garnie dans le bas de deux biais doubles faisant volant très-peu froncé. Pour tête, un petit volant la tête en bas, très-froncé. Tunique pouf arrondie derrière et longue, garnie d'un effilé de chenille violette à tête de jais perlé au-dessus de l'effilé; cinq centimètres plus haut, une dentelle noire froncée posée la tête en bas, au-dessus encore un rang d'effilé, et encore au-dessus, faisant le tour à la hauteur des hanches, second rang de dentelles semblable au premier. Ces deux derniers rangs, très relevés sur les côtés, viennent ensuite former la petite basque châtelaine courte et ronde qui orne le devant de la jupe. La ceinture forme derrière un large nœud de satin entouré de dentelle noire; elle a trois pans courts en éventail qui retombent sur le pouf, et deux demi-longs garnis d'effilés et de dentelle qui descendent assez bas.

Le patron de cette toilette est aussi celui de la robe; dos, figure 8, et devant figure 9, avec les plis cousus devant au bas de la taille.

Les manches sont plates, un peu larges dans le bas.

DEUX TOILETTES

Ces modèles sont ceux de la planche IX.

Première toilette. — Robe de velours noir. Jupe courte avec volants froncés, le premier d'environ trente centimètres, et le second d'un tiers de hauteur; au-dessus du volant, un bouillon de velours formé par un biais retenu de distance en distance par un bouton de jais. Tunique pareille, ornée de même, tombant carrément; la tunique, relevée d'un côté par un chou de velours, forme derrière un gros panier double.

Veste à basque ronde ornée du même bouillonné, avec bouillonné formant ornement qui simule le corsage décolleté carré. Le corsage ferme de côté en polonaise et n'est bordé que d'un côté. La marche, plate, est terminée vers le bas par un bouillonné d'où sort une petite manchette à dents rondes tombant sur la main.

Ce modèle est le patron du dos figure 4 et du devant figure 5, avec les modifications suivantes :

A la couture du milieu du dos et à celle du dessous du bras on ajoute pour la longueur que doit avoir la basque. A la couture du dessous du bras depuis la taille, on descend en élargissant jusqu'où on a marqué la longueur. Les coutures qui ont du biais font la pointe. On échancre un peu en perdant du côté du dos pour arrondir la pièce sur les hanches.

Devant : on ajoute à la couture du milieu du devant un peu moins qu'à celle du dos (le devant doit être un peu plus court). On ajoute à la couture du dessous du bras la même longueur que celle du dos. Ces deux coutures doivent avoir la même longueur. Cette partie de la basque reste ouverte sur les hanches. La couture du dessous du bras ne descend pas plus bas que la longueur de la taille.

Pour faire le croisé de ce corsage à la couture du milieu du devant, on ajoute à la longueur ce qu'il faut croiser. La ligne sur laquelle on a mesuré la largeur de la poitrine indique la place où doit s'arrêter le croisé et la décolleture du devant.

Les manches sont plates, à coude arrondi.

Deuxième toilette. — Robe de faille rouge antique foncé ; jupe à traîne entourée d'un volant bas monté à la russe ; au-dessus du volant, une large bande de plumes de même nuance. Tunique et corsage pareils ; la tunique, arrondie devant, est plus longue devant que derrière, elle remonte à partir des côtés et est coupée droite derrière. Un volant pareil orne le corsage en rond derrière et devant et se trouve former épaulettes au-dessus de la manche. Celle-ci est demi-large, avec un parement Louis XIII, formé par un volant relevé sur le bras.

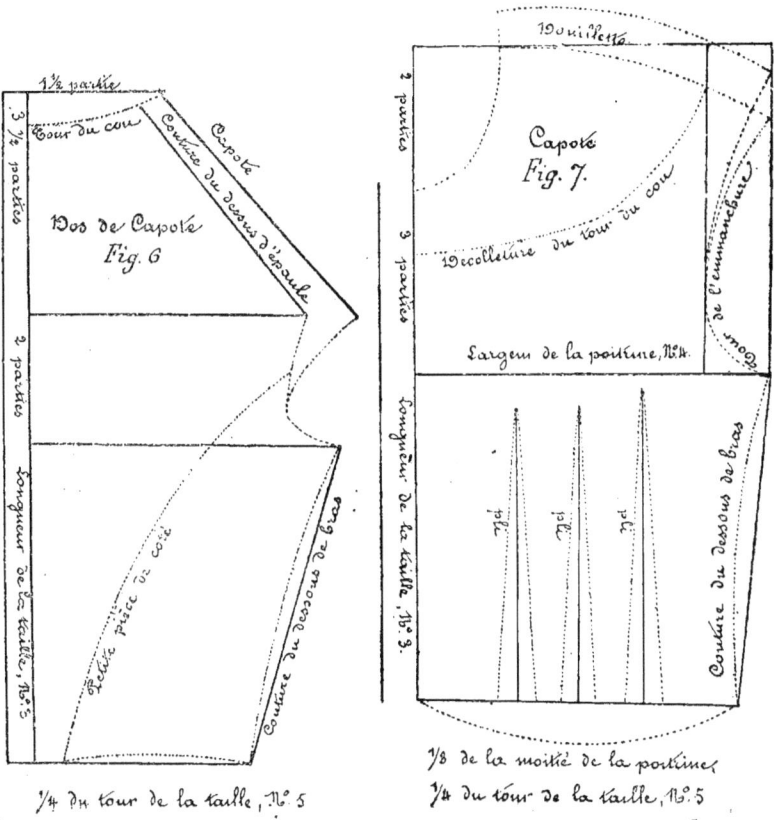

Le patron de cette toilette est celui de la capote dos figure 6 et devant fig. 7. Le patron pour la tunique est le haut de celui de la jupe. Les échancrures sont affaire de goût.

DEUX TOILETTES DE DAMES.

[Le modèle est celui de notre gravure, planche X (dos).]

DOS

La première figure présente le modèle de la robe princesse. Nous avons donné plus haut ce patron.

La deuxième figure montre un pardessus à longue jupe, avec des manches et un capuchon sur les épaules. On désigne ce pardessus sous le nom de waterproof, ou pelisse.

Le patron de ce pardessus est celui du dos de la douillette, figure 4, avec les modifications suivantes. Première mesure : la longueur prise par derrière, depuis le cou jusqu'au bas de la robe, où on laisse une distance.

Deuxième mesure : la longueur prise sous le bras, au joint de la hanche jusqu'au bas, comme la première.

Troisième mesure : la longueur prise par devant, à la naissance du cou jusqu'au bas, comme les précédentes.

Quatrième mesure : la circonférence que donne le tour de la jupe. On ajoute un peu pour ce que l'on veut donner d'ondulation à ce vêtement. On partage en quatre parties égales cette dernière mesure.

Pour dessiner ce patron, on prépare une grande feuille de papier. Elle doit avoir la longueur de la première mesure que l'on a prise depuis le cou jusqu'au bas de la robe, et la largeur du quart de la mesure du tour du bas de la jupe.

Pour avoir ces proportions,

On trace deux lignes formant l'équerre. On pose le patron le long de la ligne montante à l'équerre. On mesure depuis le cou jusqu'au bas de la ligne, la première longueur prise depuis le cou jusqu'en bas. Au bas de la couture du dessous du bras, on mesure la deuxième longueur qui a été prise depuis le joint de la hanche jusqu'en bas. On trace le tour du cou. Ce tracé étant fait, sans changer le patron de place, avec la main droite on pose le bout du crayon sur le bout de la couture du dessus de l'épaule, du côté du cou ; on tient fermé le crayon avec la main droite pour éviter un changement de place, pendant qu'avec la main gauche on prend le patron au bas de la taille et on le retire de la ligne droite pour lui donner l'ampleur voulue au bas du dos. On fait un tracé tout autour du patron. On comprend dans ce tracé ce que l'on a ajouté au bas du patron à la couture du milieu du dos et à celle de la longueur du dessous du bras. Ce tracé étant fait, on retire le patron, dont on a l'empreinte sur le papier. On ajoute en largeur à la couture du dessous du bras ce que l'on a ajouté au milieu du dos (c'est-à-dire ce que l'on a obtenu en retirant le patron de la ligne montante), on marque la couture du dessous du bras par un tracé que l'on a commencé à l'emmanchure, à laquelle on ajoute un peu, et l'on descend, en élargissant, rejoindre où l'on a marqué la longueur et la largeur. Les coutures qui ont du biais font la pointe ; il faut avoir soin d'arrondir. Voir les petits points du dessin.

DEVANT DU PARDESSUS

[Ce modèle est celui de notre gravure, planche X (devant).]

Ce patron de pardessus est celui de la douillette, devant **figure 5**, avec ces modifications.

Pour dessiner ce patron, on prépare une grande feuille de papier. Elle doit avoir la longueur de la troisième mesure prise par devant, à la naissance du cou jusqu'en bas.

On trace deux lignes formant l'équerre. On pose le patron le long de la ligne montante, à l'équerre. On mesure depuis le cou jusqu'au bas de la ligne la troisième longueur prise depuis le cou jusqu'en bas. Au bas de la couture du dessous du bras, on mesure la deuxième longueur qui a été prise depuis le joint de la hanche jusqu'en bas. On trace le tour du cou ; ce tracé étant fait, sans changer le patron de place, avec la main droite, on pose le bout du crayon sur le bout de la couture du dessus de l'épaule, du côté du cou ; on tient fermé le crayon avec la main droite, pour éviter un changement de place, pendant qu'avec la main gauche on prend le patron au bas de la taille, et on le retire de la ligne droite pour lui donner l'ampleur voulue au bas du devant de la taille. On fait un tracé tout autour du patron; on comprend dans ce tracé ce que l'on a ajouté au bas du patron à la couture du milieu du devant et à celle de la longueur du dessous du bras. Ce tracé étant fait, on retire le patron dont on a l'empreinte sur le papier. On ajoute en largeur à la couture du dessous du bras ce que l'on a ajouté au milieu du devant (c'est-à-dire ce que l'on a obtenu en retirant le patron de la ligne montante). On marque la couture du dessous du bras par un tracé que l'on a commencé à l'emmanchure, à laquelle on ajoute un peu, et l'on descend, en élargissant, rejoindre où l'on a marqué la longueur et la largeur. Les coutures qui ont du biais font la pointe; il faut avoir soin d'arrondir. Voir les petits points du dessin.

Il y a une poche de chaque côté sur le devant.

Les manches sont plates du haut et plissées du poignet.

Pour tracer ce capuchon, on réunit la couture du dessous de l'épaule, du dos et du devant de la douillette.

A la couture du milieu du dos, on commence un tracé dans le bas, qui vient en perdant et en rétrécissant joindre l'échancrure du devant vers le cou. Cette pièce se fait plus ou moins grande, suivant la grandeur qu'on veut donner au capuchon.

Une coulisse est tout autour pour la serrer.

TOILETTES DE VISITES.

(Ces modèles sont les patrons de notre planche XI.)

PREMIÈRE FIGURE.

Jupes rondes en taffetas. Tunique en même étoffe, encadrée de friseline,

Cette tunique, se prolongeant en pan d'écharpe, est nouée derrière à mi-jupe.

Petit paletot droit court et flottant à la taille. Les manches sont plates et ornées comme la tunique et la jupe.

Le patron du paletot est celui : dos, figure 4, et devant, figure 5 de la douillette. Pour les modifications, voir la confection de la première figure de la planche VII.

DEUXIÈME FIGURE.

(Ce modèle est le patron de notre planche XI).

Robe en satin décrivant une longue traîne sans ornement. Manteau de velours noir, arrondi derrière et remontant un peu pour se fermer devant à la façon d'un paletot rond.

Pour tracer le patron de ce manteau on peut le faire de deux manières. La première : on prépare une grande feuille de papier qui doit avoir la hauteur du manteau et la largeur que donne la moitié du tour des jupes. On réunit les coutures du dessus d'épaules aux emmanchures et vers le cou. On procède comme pour le patron de la pèlerine. Modifications à faire : la ligne que l'on tire au bas du dos à la pèlerine pour le manteau, on la tire à la longueur que l'on a prise. Cette ligne courbe tracée, on donne au devant de ce vêtement la longueur d'un petit paletot qui descend un peu plus bas que la taille. Pour lui donner la grandeur, on ajoute à la longueur de la couture de l'épaule ce que l'on veut que le manteau descende sur les bras; on dessine ensuite une ligne qui commence à la ligne qui marque la couture du dessus de l'épaule, et l'on vient en arrondissant rejoindre le milieu du devant et à la hauteur qui a été marquée pour le paletot. La deuxième manière de tracer le patron de ce manteau c'est avec une couture sur l'épaule. Comme au précédent, on ajoute au patron du dos et du devant les longueurs. Au dos et au devant on ajoute à la couture de l'épaule, du côté de l'emmanchure, ce qu'il faut pour la longueur; au devant, depuis la couture de l'épaule jusqu'au milieu du devant, on dessine une ligne en arrondissant pour rejoindre la longueur marquée pour le paletot.

Ce dernier modèle permet d'utiliser les anciens vêtements.

DEUX TOILETTES DE PROMENADE.

(Ces modèles sont les patrons de nos gravures. planche XII).

Première toilette. Robe de promenade en popeline d'Irlande grise à filets losanges satinés bleus. Jupe ronde décorée, au-dessus de l'ourlet, d'un biais de l'étoffe encadré d'un velours bleu foncé (il pourrait être noir); ce biais se retourne de distance en distance pour former des pattes taillées du bout en équerre. Les deux pattes se touchent en haut, et, par leur inclinaison naturelle, vont ensuite en s'écartant l'une de l'autre. Corsage avec une tunique ornée d'un velours tout autour ; elle est très-ample et forme de beaux plis derrière, quoiqu'elle ne soit pas bouffante, elle se relève un peu des côtés par deux pattes accolées. Le corsage est orné d'un biais qui fait le tour du cou et de deux pattes qui le terminent. La manche, juste, a en bas le même ornement. Ceinture de velours bleu ayant derrière trois pattes du même genre ; celle du milieu, qui est au-dessous, est plus large que les deux autres.

Le patron du corsage de cette toilette est celui du dos, figure 4, et devant, figure 5.

La tunique est coupée sur le patron du haut de la jupe.

Pour couper l'étoffe :

Le dos et les manches sont coupés dans le biais, pour faire valoir le dessin.

Deuxième toilette. Robe de faille vert-olive à traîne. Deux volants froncés et à biais ornent la queue de la traîne ; devant, le nombre de volants augmente en escalier, jusqu'à ce qu'il y en ait six; le dernier arrive un peu au-dessous du genou. Paletot de velour noir, droit derrière, orné d'une frange de chenille ayant pour tête une guipure noire dont le pied est en bas. De très-grandes dents pointues ornées de franges et de guipure simulent les basques sur le côté. Devant, le paletot est coupé en pan de mantelet carré orné de même. Une petite pèlerine ronde, forme Carrick, cache le corsage du paletot, et sur cette pèlerine un ornement de frange et guipure simule une seconde pèlerine coupée différemment et qui, très-courbe en haut, avancerait en pointe sur le devant. La manche est simple et sans ornement.

Le patron du corsage de ce paletot est dos, figure 4, et le devant, figure 5. Sa jupe est un morceau d'étoffe droit, un peu plus court devant que derrière.

Pour le patron de la pèlerine : voir la planche 7.

Le petit col se coupe sur le haut de la pèlerine.

La basque sur le côté et le pan qui est devant sont d'une seule pièce ; les deux échancrures sont facultatives et affaire de goût.

TOILETTES DE DAME ET D'ENFANT

(Ces modèles sont les patrons de nos gravures, planche XIII.)

N° 1. Toilette de petite fille de 4 à 8 ans. Robe de tartan écossais fond blanc, rayures vertes et rouges ; jupe coupée en biais ; petit volant en bas, coupé de même. Petit paletot en velours anglais, nuance caroubier, à basque longue coupée sur les côtés et très-bouffante ; le corsage, ajusté, est plat et sans manches, les manches sont en tartan pareil à la jupe, et une ceinture de même, nœud double en hauteur, avec coquille et bouts courts, se noue sur le paletot.

Le patron de cette robe est le dos figure 4, et le devant figure 5.

Deuxième toilette. — Robe de popeline havane, jupe ronde ornée en bas de deux volants surmontés d'un gros bouillonné pareil, encadré dans deux petits volants. Tunique pareille, formant derrière les ailes d'abeilles, un peu croisées du haut, entourées d'une passementerie de soie qui serpente en petites ondulations autour de la tunique ; au bord, une haute frange de soie pareille et tout unie. Sur le corsage de la tunique, une pèlerine *cardinale*, descendant jusqu'à la taille et légèrement relevée par un gros nœud à pans courts garnis de franges. La pèlerine est ornée de la même passementerie et même frange que la tunique ; au milieu du dos, deux petits nœuds carrés qui peuvent être supprimés.

Deux pattes de passementerie, qui partent de devant, viennent retomber droites jusqu'au milieu du dos, où elles sont terminées par une frange et forment comme un petit encadrement aux petits nœuds.

Le patron de cette toilette est le dos figure 4 et le devant figure 5.

Manches plates à coude arrondi.

La tunique est coupée sur le haut du patron de la jupe.

Troisième costume. — Pour petit garçon de 5 à 10 ans. Pantalon breton, large, arrêté au genou, en drap marron; guêtres pareilles descendant jusque sur le pied. Petit justaucorps *Pré aux clercs*, ouvert en cœur devant et faisant basque courte au-dessous de la ceinture; manches demi-ajustées. Tout le justeaucorps, en drap pareil au pantalon, est encadré d'une bande de velours noir, au-dessus de laquelle est posé un velours plus étroit. Sur la poitrine, un plastron de drap ayant au milieu une broderie en ganse de laine noire.

Le patron de ce justaucorps est le patron de la douillette dos figure 4 et devant figure 5, avec les modifications suivantes :

On ajoute au milieu du dos à la couture de derrière et à celle du dessous du bras pour la longueur que doit avoir la basque.

A la couture du dessous du bras et en commençant à l'échancrure, on descend en élargissant jusqu'où on a marqué la longueur.

Les coutures en biais donnent des pointes qu'il faut arrondir.

Devant : on ajoute à la longueur de la couture du milieu du devant et à celles du dessous du bras, comme on a fait pour le dos. La décolleture, au lieu d'être ronde, se fait en cœur.

Les manches sont plates, un peu larges, à coude arrondi.

TOILETTES DE DAMES ET D'ENFANTS.

(Ces modèles sont les patrons de notre gravure planche XIV).

Toilette de jeune mère. Robe de satin vert Metternich ornée devant d'un grand coquillé de dentelle noire, retenu par des agrafes de passementerie. Corsage uni à manches collantes.

Vêtement Lamballe en velours noir faisant casaque derrière et mantelet devant, retroussé sur les côtés et orné d'une très-haute guipure noire. Deux volants garnis de guipure ornent le haut de l'épaule et le bras. On revêt la manche de la robe de satin garni en bas de guipure.

Le patron de cette robe est celui de la robe Impératrice.

Celui du vêtement Lamballe est la douillette; dos, figure 4, et le devant, figure 5.

On réunit le dos au devant, à la couture du dessus de l'épaule, ainsi que nous l'avons déjà indiqué.

Le mantelet se trace sur ce patron qui donne la largeur des épaules, celle du tour du cou et la longueur de la taille.

La casaque de derrière est formée par deux bandes plissées et un volant de guipure.

Toilette de petite fille. Robe de cachemire gris-perle, ornée de faille bleue.

Sur la jupe très-courte, trois volants tuyautés de faille bleue, seconde jupe relevée par des choux, cocarde en soie bleue.

Le corsage de cette robe est le dos, figure 4, et le devant, figure 5.

Pour la pèlerine qui est sur ce corsage, voir le modèle Stuart, planche 7.

Manches plates, coude arrondi.

DEUX TOILETTES.

Ces modèles sont les patrons de notre gravure planche XV.

Première toilette. — Robe de faille bleu-*prune*, à traîne très-ample et tout unie, ceinture de gros satin de même nuance à quatre coques, deux droites et deux plus grandes tombantes en-dessous des coques et disposées en éventail, deux demi-cocardes à plis qui sont étagées l'une au-dessus de l'autre. La ceinture a deux pans de satin larges et longs ornés dans le bas d'un ou deux volants qui se touchent par le pied; au milieu, un biais formant de petits plis. La manche a dans le bas un ornement pareil.

Le patron de la jupe de cette robe est celui de la robe Impératrice.

Le patron du corsage est celui de la capote dos figure 6 et devant figure 7. Manches plates à coude arrondi.

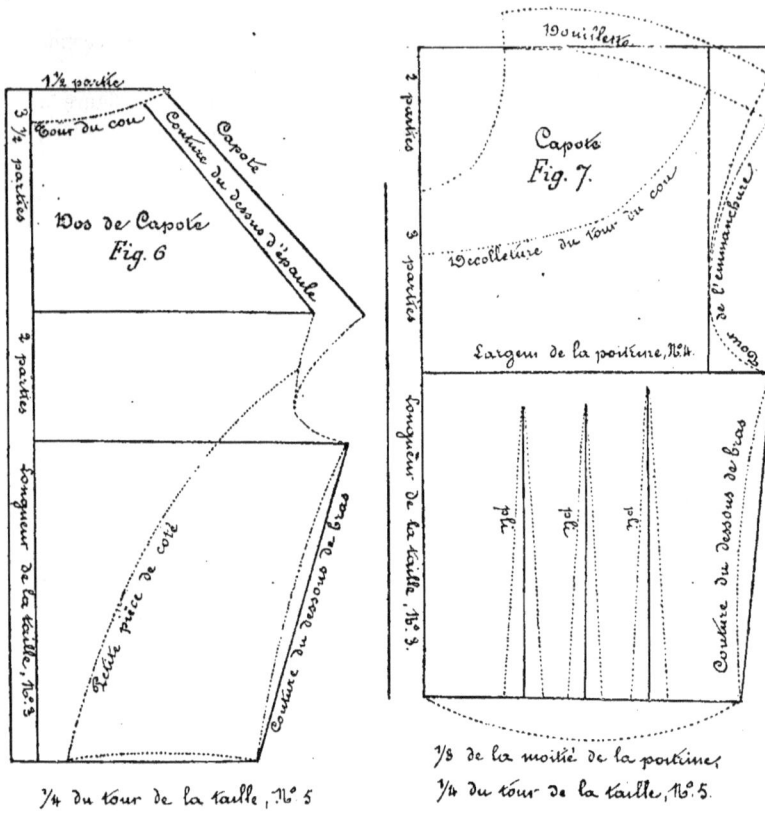

Deuxième toilette. — Robe de popeline gris-faune à jupe courte, ornée de trois volants de faille du même ton. En haut du volant et au-dessous de la tête court une petite ruche à *la vieille* en faille également et très-touffue. Tunique pareille garnie du même volant et relevée par de gros nœuds carrés en faille gris-faune liserés de satin.

Corsage avec manches plates ornées en bas d'une manchette Louis XIII, relevant sur le bras en faille pareille ou volant. Devant le corsage un petit jabot de dentelle s'échappant d'un col de batiste, sous-manches pareilles.

Le patron de la tunique se fait avec le haut de celui de la jupe Impératrice.

Le patron du corsage est celui de la capote dos figure 6 et devant figure 7.

Manches plates à coude arrondi.

TOILETTE MARIANI.

(Ce modèle est le patron de notre gravure planche XVI bis).

Toilette Mariani. Robe de poult de soie rayée, changeant bronze et noir. Le panier est relevé par des nœuds de gros grain noir.

Corsage orné devant d'un double biais de gros grain noir dentelé. Triple biais de gros grain noir dentelé en haut des manches. Même ornement au bas des manches très-étroites.

Le corsage décrit le gilet devant et une petite basque à demi arrondie et très-courte derrière.

Col-cravate en mousseline blanche garnie de valenciennes.

Le patron du corsage de cette robe est le dos de la capote, figure 6, avec son petit côté.

Il est fait sur celui de la douillette, figure 4.

Le devant est celui de la capote, figure 7, avec les trois plis.

Il est fait sur celui de la douillette, figure 5.

On ajoute à la longueur du corsage, à la ligne du milieu du devant, la longueur nécessaire pour faire le gilet, devant.

La basque pour le dos est une petite pièce de la largeur de celle du bas de la taille, depuis une couture du dessous de bras jusqu'à l'autre. On l'échancre du côté où on la réunit au corsage; l'autre bord est arrondi. La basque reste ouverte sur les hanches.

Les manches sont plates à coude arrondi.

CORSAGE DUBARRY.

(Ce modèle est le patron de notre gravure planche XVI).

Casaque Dubarry. Casaque de velours noir. Cette casaque est faite demi-ajustée derrière, et ajustée tout à fait devant. Les pans de devant sont carrés comme des pans de mantelet. Le corsage est relevé derrière par un gros nœud dahlia de satin noir ou assorti à la nuance de la robe que la casaque accompagne. Elle est relevée aussi sur les hanches par un gros nœud dahlia. L'ornement se compose autour de plusieurs rangs de passementerie, point d'esprit, avec une frange d'olives en passementerie. Triple rang de passementerie sur le corsage.

Le patron de ce corsage est celui de la douillette avec son petit côté ; dos, figure 4 et devant figure 5.

Pour les modifications à faire, voir à la septième planche le patron pour la toilette Rosita.

Les manches sont plates, à coude arrondi.

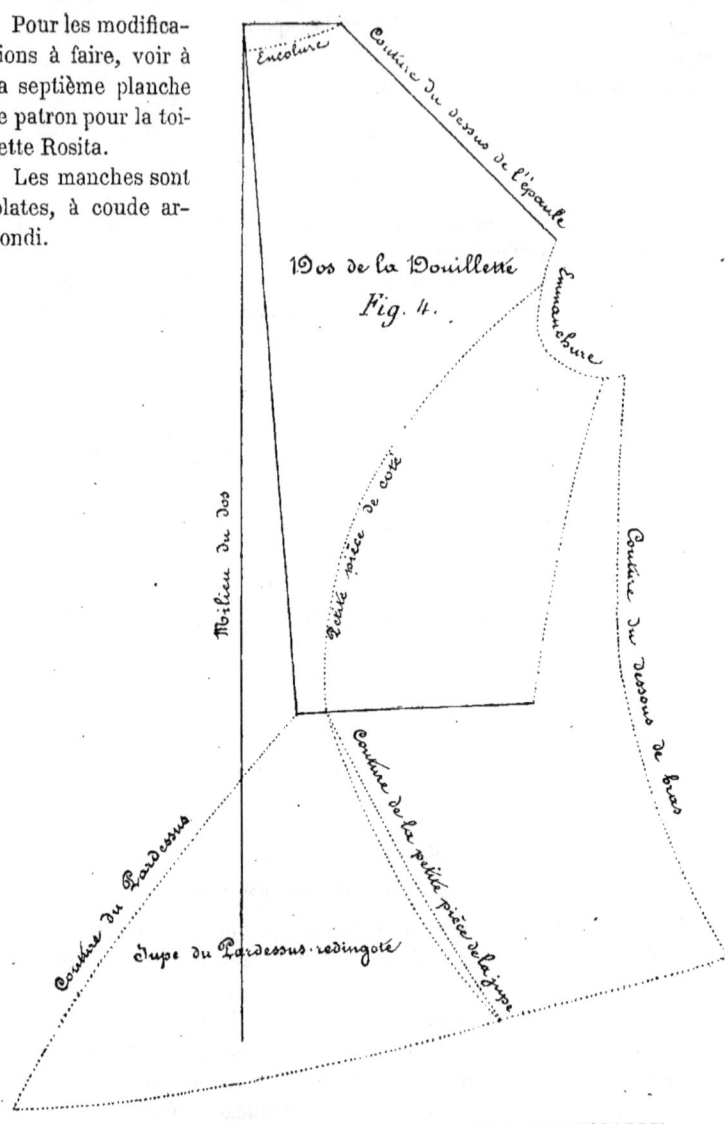

PATRON POUR TAILLER LE DOS DE LA CASAQUE DUBARRY.

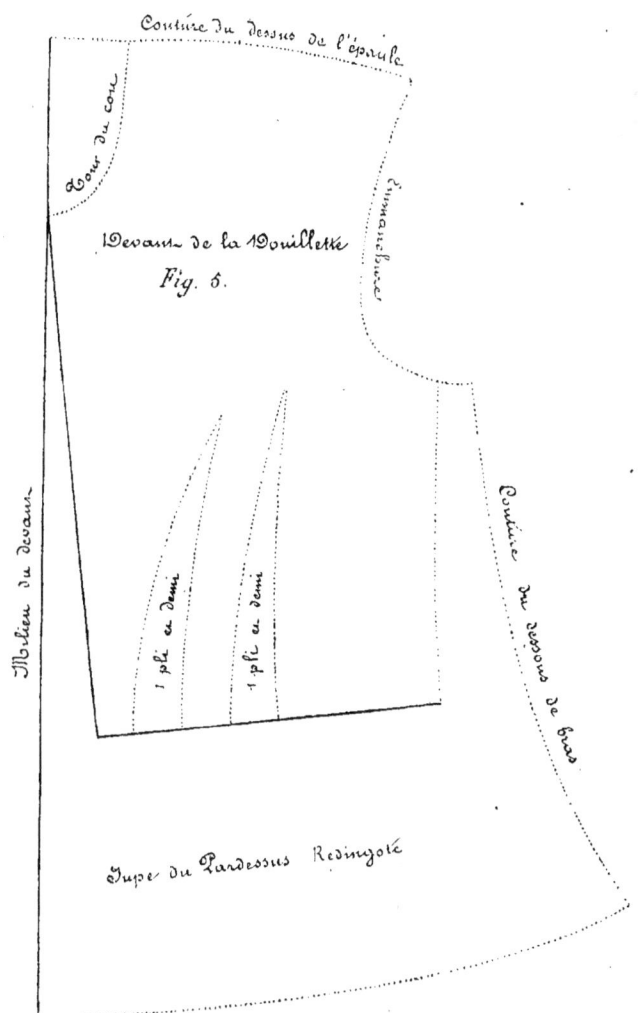

PATRON POUR TAILLER LE DEVANT DE LA CASAQUE DUBARRY.
COSTUME DE VILLE.

(Ce modèle est le patron de notre figure XVII.)

Petite toque basse en velours noir, toute bordée de zibeline. Cravate en même fourrure, terminée à l'un des bouts par une tête.

de zibeline. Mouchoir duchesse en velours noir encadré dans des bandes de zibeline.

Le patron de ce modèle de robe est la robe princesse. Le dos est celui de la capote figure 6, et le devant figure 7.

Les manches sont plates.

La garniture de cette robe se compose de pattes coupées carré et ornées de zibeline.

ROBE DE VILLE
(Ce modèle est le patron de notre gravure, planche XVII bis.)

Robe princesse. Ce modèle est celui du dos de la capote, figure 6, et le devant, figure 7.

Les manches sont plates.

CAPELINE RUSSE
(Ce modèle est celui de notre figure, planche XVII bis.)

Cette capeline est en cachemire blanc retombant sur le front en pièce carrée frangée d'or. Elle retombe sur le chignon, en pointe terminée par un gland d'or. Le col qui la prolonge sur les épaules fait longue pointe derrière, descendant jusqu'à mi-dos. Les devants se croisent sous le menton et se rejettent sur le cou, en arrière. Ils sont, ainsi que la capuche et la pointe du col, terminés par des glands d'or.

Pour préparer ce modèle, qui est une fantaisie de la mode, on prend un morceau carré, comme le serait un mouchoir. L'une des pointes fera le col; la deuxième, la capuche, et les deux autres celles qui se croisent sous le menton. A la pointe du col, on échancre un peu en arrondissant. On commence ce tracé à la pointe du col et l'on rejoint celles du menton. La pointe de la capuche s'abat; c'est ce qui forme un carré sur le front.

La manière dont les pointes de ce morceau d'étoffe carré sont disposées indique que le dessus de la capuche est pris, comme le milieu du col, dans le biais.

SORTIE DE BAL.
(Ce modèle est le patron de nos planches XVIII et XVIII bis.)

Cette sortie de bal, aussi élégante que sobrement ornée, est en cachemire ou en satin blanc. Elle est encadrée d'une guipure noire posée à plat et toute semée de perles de corail. La même guipure, enrichie de corail, se dessine en revers sur la poitrine et se prolonge, ainsi qu'on le voit, en deux longues pointes enrichissant le derrière du vêtement dans toute sa longueur.

Pour dessiner le patron de ce vêtement, prenez le dos de la douillette figure 4 et le devant figure 5. Prenez la longueur que vous présente la gravure de modes. Première mesure : derrière, depuis le cou jusqu'au bas de la jupe; deuxième mesure : depuis le cou jusqu'au bas, au même point d'arrêt de la première mesure.

Cette sortie de bal se prépare exactement comme la pèlerine. La seule modification pour ce modèle est qu'au lieu de tirer la ligne ou le cercle au bas du dos, on le tire à la longueur qui a été prise sur la robe.

Pour couper l'étoffe de ce vêtement, on la met droit fil au milieu du dos. On peut la mettre dans un demi-biais, ce qui est préférable. La largeur de l'étoffe est à consulter.

La doublure se coupe la première.

ROBE FORME PRINCESSE

(Ce modèle est le patron de notre gravure, planche XIX.)

Toilette en pou-de-soie vert. Le corsage, décolleté carré, est boutonné par autant d'émeraudes et serré à la taille par une ceinture

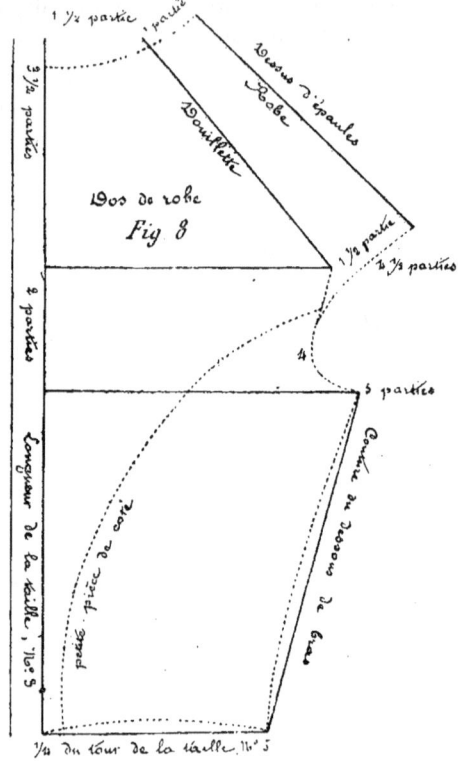

PATRON DE LA ROBE DE FORME PRINCESSE (DOS)

fermée derrière. La manche grecque, ouverte et très-longue, est doublée de taffetas blanc avec ruche blanche tout autour. Ce corsage est complété par une chemisette en guipure ouverte devant, avec manches Henri III, à crevés de rubans et fermées dans leur

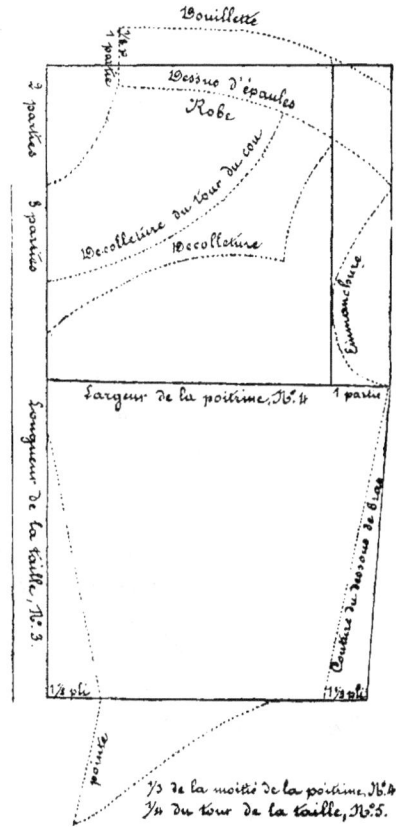

PATRON DE LA ROBE DE FORME PRINCESSE (DEVANT)

longueur par des boutons d'émeraudes. Dos et devant de la douillette, avec des plis sous la gorge.

ROBE PRINCESSE

(Ce modèle est le patron de notre gravure XX.)

Robe princesse en pou-de-soie broché de bouquets où le vert domine. Elle est complétée par un plastron de pou-de-soie vert se prolongeant en tablier fermé par des boutons d'étoffe. La garniture se compose d'une guirlande de feuilles en pou-de-soie vert un peu plus clair, qui encadre le plastron et le tablier, et simule la veste espagnole par sa disposition sur le corsage. La manche ajustée est ornée en haut et en bas de la même garniture de feuilles.

Plusieurs fois la robe princesse a été tracée; nous nous abstenons de la répéter. La veste espagnole se coupe sur le patron de la douillette. Les trois plis sont disposés pour n'en faire qu'un. Le devant est arrondi. On commence le tracé devant, à l'emmanchure du cou; on descend en arrondissant rejoindre la couture du dessous du bras.

Les manches sont étroites, à coudes arrondis.

Nous indiquons le tracé d'un patron pour la veste, bien que ce modèle de veste ne soit que figuré par la garniture qui orne la robe.

Nous indiquons le tracé pour la veste espagnole pour le cas où l'on voudrait apporter un changement au modèle de cette gravure, où la veste est figurée par l'ornement de la robe.

TOILETTE DE BAL. — PLANCHE XXI bis.

Toilette de bal. — Robe de crêpe lisse rose posé sur un dessous de taffetas rose à traîne garnie dans le bas de cinq volants de crêpe lisse à petite tête. Au bord de chaque volant un petit effilé mousse.

Tunique très-courte et arrondie devant, garnie d'un effilé rose. Derrière, pouf de crêpe lisse très-volumineux et retombant en deux bouffants sur la traîne.

Le patron de ce corsage est celui de la robe dos figure 8, et devant figure 9 (voir page 62).

Pas de plis sous la gorge. On a retiré un pli et demi à la couture du milieu du devant, et un pli et demi à la couture au dessous du bras.

Pour faire la berthe, on prend l'étoffe dans le véritable biais. On forme de gros plis, que l'on serre davantage sur les épaules que devant et derrière. Les petites manches se coupent sur le haut de la manche plate.

TOILETTE MANCINI

PLANCHE XXI.

Robe de satin rose décolletée garnie tout du long, devant, de nœuds de satin rose. Une dentelle blanche formant la berthe derrière, descend devant sur le corsage en bretelles, et se continue sur la jupe jusqu'en bas. Corsage décolleté carré.

Le patron de ce corsage est celui de la robe, dos figure 8, et devant figure 9. Il n'y a pas de plis sous la gorge. On a retiré un pli et demi à la couture du milieu du devant, et un pli et demi à la couture du dessous du bras. (Voir les patrons du corsage peplum).

CORSAGE PÉPLUM

(Ce modèle est le patron de notre gravure XXII.)

Corsage péplum pour jeune fille. Ce corsage, en mousseline, est très-décolleté et se trouve complété par une petite ceinture bleue à bretelles, fixée par une rose. Répétition de la rose sur chaque épaule. Tout autour du péplum, taillé très en pointe sur les côtés, court une guirlande de roses et de boutons dans leur feuillage.

Le patron de ce corsage est celui de la robe, dos figure 8, et le devant figure 9. Il n'y a pas de plis sous la gorge. On les a retirés à la couture du devant du corsage et à celle du dessous de bras.

Pour le patron de la pièce péplum, prenez les longueurs; ajoutez ces mesures au bas du patron de votre robe, tracez sur une grande feuille de papier votre pièce péplum.

Remarque. — Pour ce modèle, comme pour les précédents, on mesure le tour des jupons à la hauteur où l'on a pris la longueur.

Les bretelles sont deux pièces étroites sur l'épaule et s'élargissant vers la ceinture. La décolleture est facile; c'est un tracé arrondi.

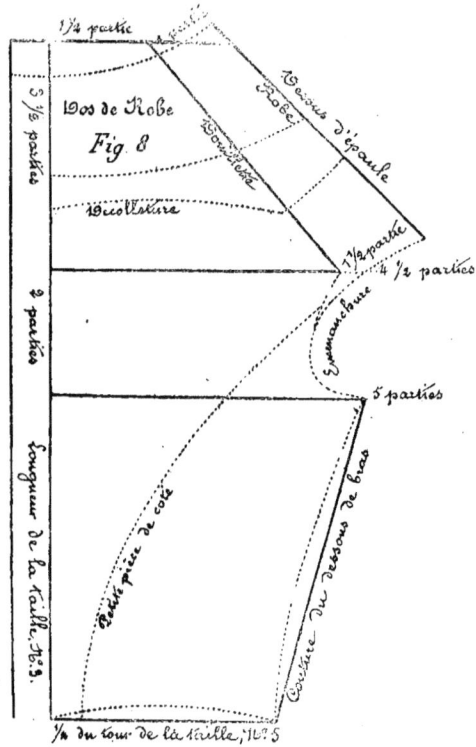

PATRON DU CORSAGE DÉCOLLETÉ (DOS)

Les petites manches courtes sont un morceau d'étoffe avec des froncis des deux côtés. On prépare cette petite manche sur le patron de la manche plate, pour l'arrondir et l'échancrer sur le devant.

CORSAGE DÉCOLLETÉ POUR BAL OU SOIRÉE

(Ce modèle est le patron de notre planche XXII bis.)

Robe en taffetas bleu et corsage plat. La berthe est formée d'une dentelle de guipure large, posée à plat. La ceinture est couverte de guipure.

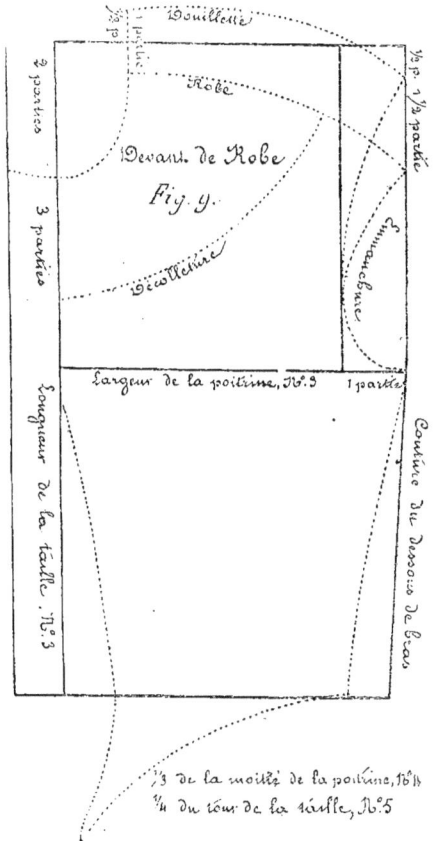

PATRON DU CORSAGE DÉCOLLETÉ (DEVANT)

Le patron de ce corsage est celui de la robe, dos figure 8, et devant figure 9. Il n'y a pas de plis sous la gorge. On a retiré un pli et demi à la couture du milieu du devant, et un pli et demi à la couture du dessous de bras.

ROBE ET PARDESSUS
PINCE-TAILLE

(Ce modèle est le patron de notre gravure, planche XXIII.)

DOS

Le patron de ce pardessus est celui du dos de la douillette avec une petite pièce tracée par côté, figure 4.

Pour le préparer, mesurez la longueur que doit avoir ce vêtement.

Première mesure : Depuis le bas du dos (creux de la taille) jusque sur la jupe, à la longueur que vous voulez lui donner.

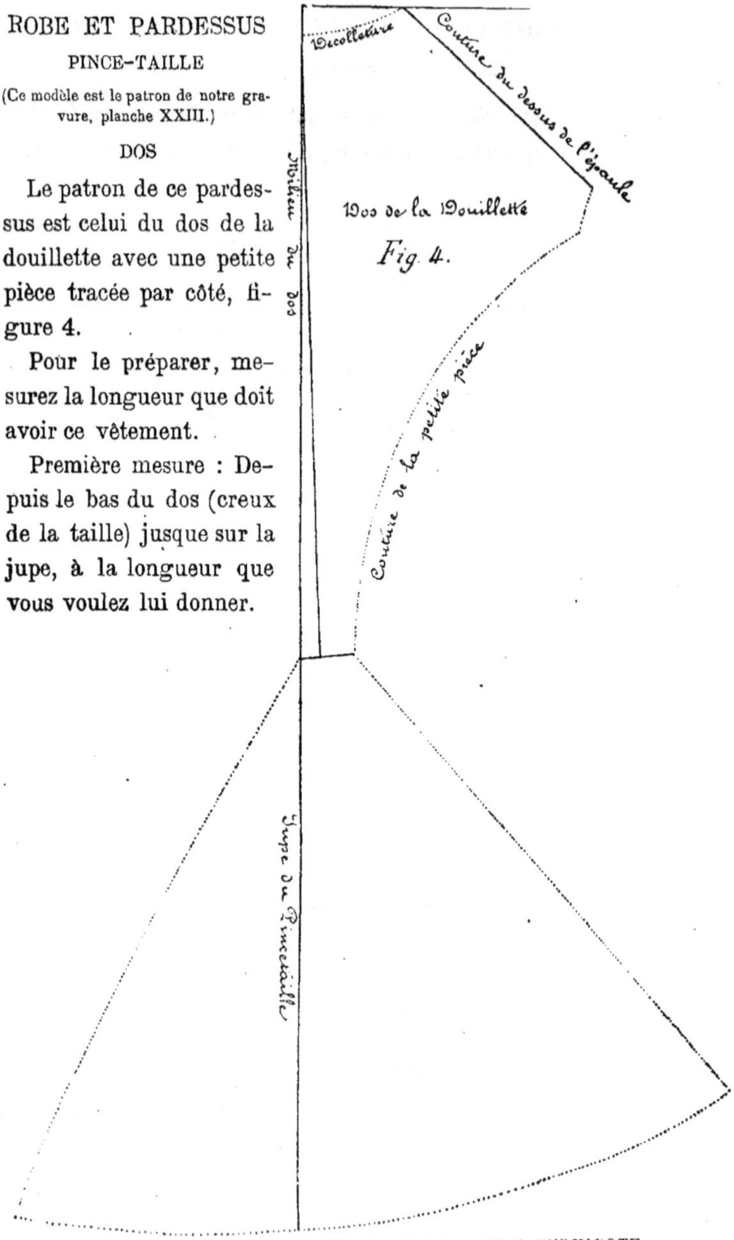

Fig. 4.

PATRON DE PARDESSUS PINCE-TAILLE REDINGOTE

Deuxième mesure : depuis le joint de la hanche jusqu'au point d'arrêt de la première mesure.

Troisième mesure : depuis la naissance du cou, en passant sur le ventre et venant aboutir au point des deux autres.

Sur une grande feuille de papier, on trace deux lignes formant l'équerre. On pose le dos le long de la ligne montante, après en avoir retiré préalablement la petite pièce. On trace le tour du cou. On pose le bout du crayon sur le bout de la couture du dessus de

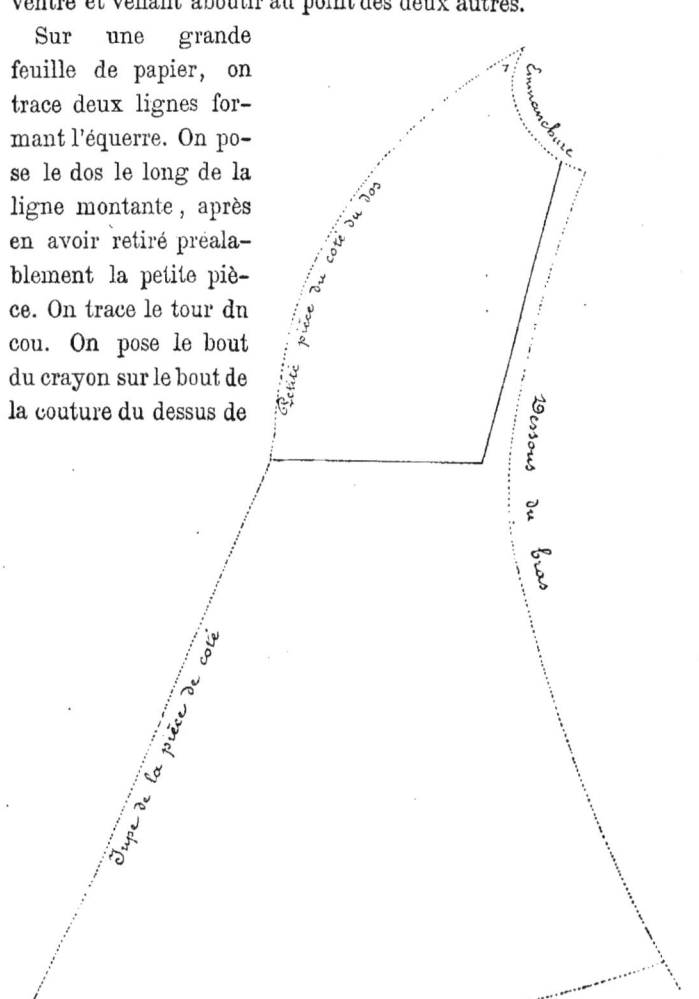

PIÈCE DU DOS DU PARDESSUS PINCE-TAILLE REDINGOTE

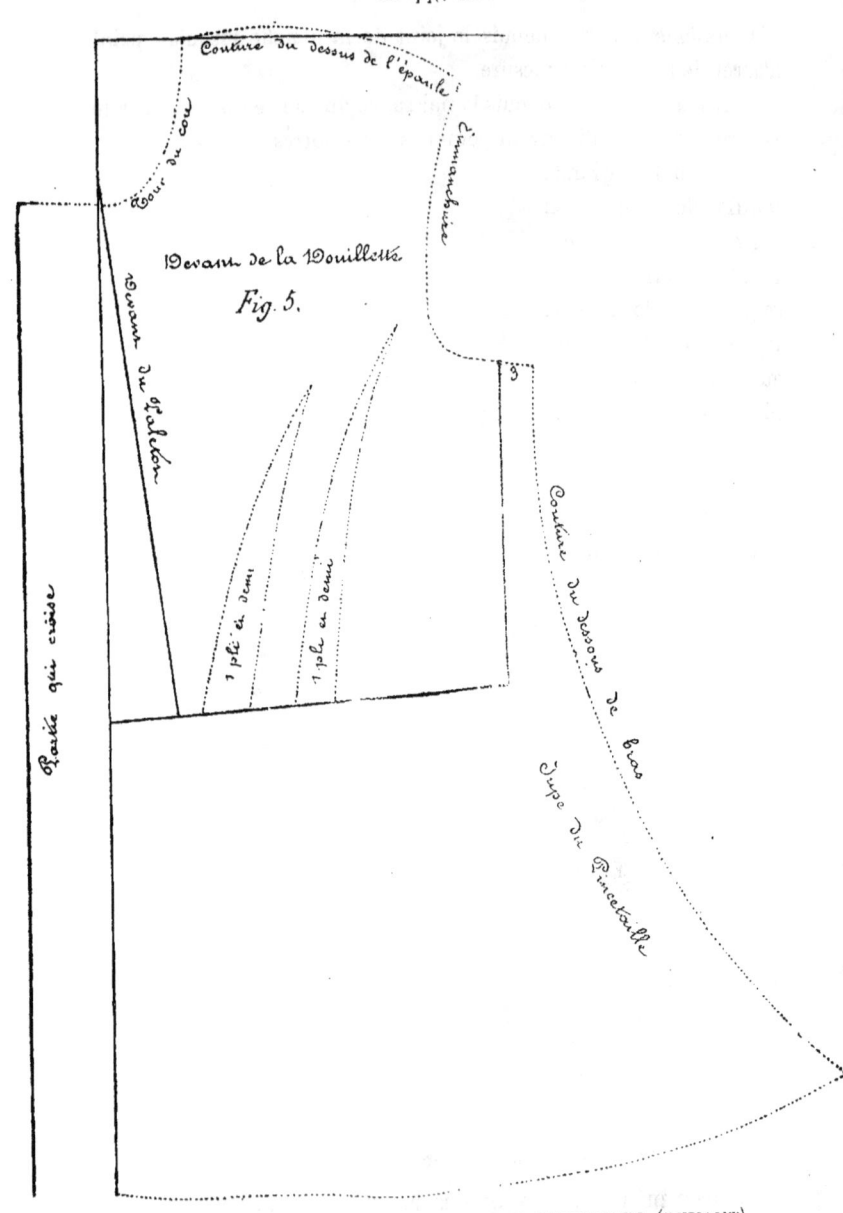

PATRON DU PARDESSUS PINCE-TAILLE REDINGOTE (DEVANT)

l'épaule, du côté du cou. On le tient ferme avec la main droite pour éviter qu'il ne change de place, pendant qu'avec la main gauche on prend le patron au bas du corsage, pour le retirer un peu de la ligne. On fait un tracé autour du patron sur le papier; cette empreinte prise, on mesure le long de la ligne montante, la première mesure que l'on a prise, depuis le bas du dos sur la jupe. Au côté du dos où l'on a retiré la petite pièce, on marque la même longueur. A ces deux coutures où ont été marquées les longueurs que l'on veut donner à ce vêtement, on ajoute pour les largeurs, à proportion de la circonférence que donne le tour des jupons. On commence au bas du dos un tracé que l'on descend en élargissant. Voir le dessin.

Pour la petite pièce qui a été retirée du dos, on la pose sur une grande feuille de papier. On fait un tracé tout autour du patron. L'empreinte prise, on retire le patron. A partir de la ligne qui détermine la longueur du corsage, on prolonge une ligne droite jusqu'au point fixé par votre mesure pour la longueur de la pièce du dos. Cette ligne que nous venons d'indiquer est celle qui se joint au côté du dos d'où elle a été retirée. L'autre côté de cette pièce est la couture du dessous du bras. On élargit cette pièce par un tracé qui commence à l'emmanchure, à laquelle on ajoute deux centimètres, et l'on descend en élargissant rejoindre les longueurs précédentes. Ces deux pièces font la partie pour le dos.

Ce patron, étant celui de votre robe, est juste. Le pardessus doit avoir un peu plus de grandeur. Vous ajouterez donc aux coutures deux centimètres ou trois, suivant que vous désirez être plus ou moins serrée.

On peut, pour les vêtements qui sont des pardessus, prendre une mesure sur la robe, ce qui dispensera d'ajouter aux coutures.

DEVANT DU PARDESSUS-REDINGOTE

Ce patron se fait sur celui de la douillette, figure 4.

Nous prenons une grande feuille de papier sur laquelle nous traçons deux lignes pour l'équerre. On place le patron le long de la ligne montante. Le patron ainsi placé, on pose la mesure vers le cou, et l'on mesure en descendant la longueur qui a été prise depuis la naissance du cou jusqu'à la longueur qui a été fixée pour ce vêtement, par devant. Sans changer le patron de main, on marque la place des plis au bas du corsage. On dessine le tour du cou. Je pose le bout du crayon sur le bout de la couture du dessus de l'épaule du côté du cou, je le tiens ferme avec la main droite, pour éviter un changement de place, pendant qu'avec la main gauche je prends le bas du patron pour le retirer de la ligne vers laquelle il est placé. Pour donner de la largeur, on fait un tracé tout autour du patron. L'empreinte prise on retire le patron. On donne de la largeur à la couture du dessous du bras en proportion du devant; on fait le tracé, que l'on commence à l'emmanchure, à laquelle on ajoute un peu ; l'on descend rejoindre la longueur de la jupe de ce vêtement. On arrondit les coutures. Les manches sont plates.

TOILETTE D'ENFANT

(Ce modèle est le patron de notre gravure, planche XXIV.)

Le gilet de l'enfant est celui de la douillette, fig. 4 et 5. Le dos est d'une seule pièce, de chaque côté du devant, il y a une poche.

La veste est faite sur le même patron, mais il faut ajouter à toutes les coutures pour la grandeur de ce pardessus.

Ce vêtement reste ouvert dans le bas. Pour cela on échancre un peu le patron. Il y a une poche de chaque côté du devant. L'usage est que la veste descende plus bas que la taille ; on aura donc soin d'ajouter à la mesure de la longueur du corsage ce qu'exige la mode. Les manches sont plates ; le coude arrondi.

DEUX TOILETTES DE CHATEAU

(Ces modèles sont les patrons de notre planche XXV).

1re FIGURE. — Costume court en poil de chèvre gris perle. Petit paletot flottant à la taille, découpé en festons.

Le patron de ce paletot est celui de la première figure de la confection, planche VI.

2e FIGURE. — Longue robe en sultane, ornée au bas de la jupe d'un motif dessiné avec du galon de soie noire. Le patron du dos de ce modèle est celui de la capote, figure 6, et le devant figure 7.

DEUX TOILETTES DE VILLE

(Ces modèles sont ceux de notre gravure, planche XXVI.)

La première figure présente un costume de ville en serge. Le pardessus est en pareille étoffe.

Le derrière de la tunique est légèrement retroussé et fixé par une grosse rosace de rubans.

Le dos de ce pardessus-tunique est celui de la douillette, figure 4; ajoutez au bas du dos un lé qui doit avoir la longueur sur la jupe que vous présente la gravure. Il aura pour largeur la circonférence que donne la jupe par derrière. La pièce de la tunique par derrière est la même que celle qui fait tablier devant, elle est seulement plus large, et les deux bouts du lé sont réunis par derrière pour retrousser un peu et faire le bouffant par le bas.

Le patron du devant de ce pardessus-tunique est celui de la douillette, figure 5.

Avec deux plis sous la gorge. On ajoute à la longueur du lé qui fait le tablier devant. Cette pièce est agrafée sur le côté : manches à la juive.

Le bas du tablier de la tunique est le patron du bas de la manche : le haut est pour le tour de l'emmanchure. Servez-vous pou l'arrondir du haut du patron de la manche plate ; c'est simple et facile à exécuter.

TOILETTE DE DAME
(Ce modèle est le patron de notre gravure, planche XXIV.)

Le dos et le devant de cette confection sont ceux de la douillette, dos figure 4, et le devant fig. 5.

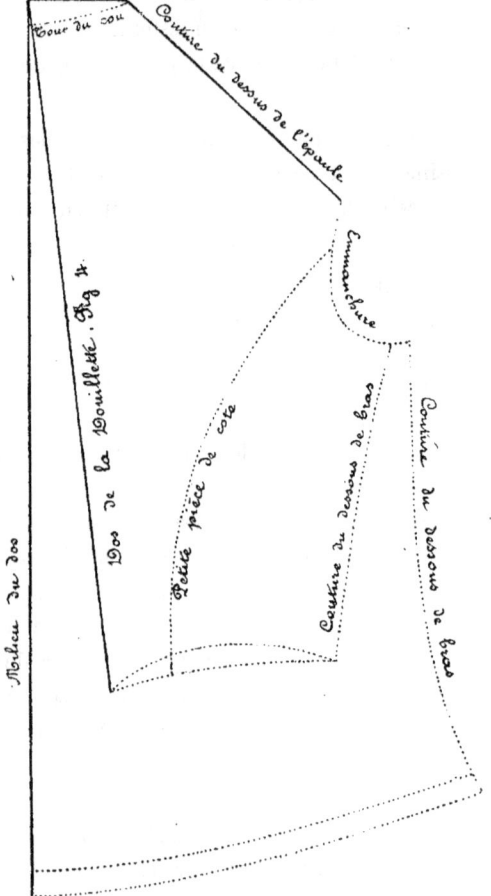

PATRON DE LA ROBE DE DAME (DOS)

Pour les modifications, voir le dessin de la confection de la première figure de la planche VI.

Pour faire le capuchon, on pose le patron du dos et celui du devant sur une feuille de papier. On réunit les coutures du dessus de l'épaule à l'emmanchure et vers le cou ; on croise le rond de l'épaule. Un peu moins bas que la longueur du dos on trace une pièce qui commence au milieu du dos ; on arrondit en montant un

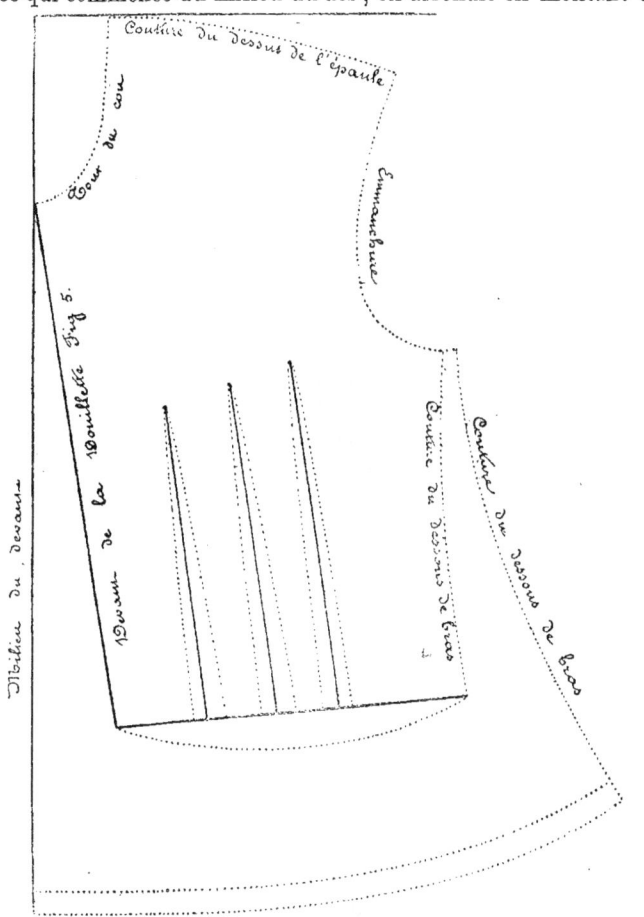

PATRON DE LA ROBE DE DAME (DEVANT)

peu, pour passer sur le haut du bras, près de l'emmanchure, et l'on vient rejoindre le milieu du devant à un ou deux doigts au-dessous du cou. Cette pièce se fait plus ou moins grande : c'est affaire de goût et de mode. On fait, à une distance du bord, une coulisse.

Les manches sont plates et un peu larges.

DEUX TOILETTES D'AUTOMNE.
(Ces modèles sont les patrons de notre gravure planche XXVII.)

1re *Toilette*. — Robe de popeline pensée ornée devant d'un grand volant à tête liseré de satin pensée. La jupe à traîne derrière simule le manteau de cour : elle est garnie d'un large biais de popeline et de trois petits biais de satin pensée. L'ornement remonte sur le côté jusqu'à la taille. Corsage ajusté avec épaulettes formées d'un biais de popeline et de trois biais de satin pensée. Ceinture de satin pensée. Manches collantes garnies d'un biais de popeline et d'un triple biais de satin.

Cette jupe à traîne qui fait manteau de cour, se taille sur le patron de robe impératrice. On supprime le lé de devant, on arrondit les lés de côté.

Le patron du corsage est celui de la douillette, dos figure 4 avec son petit côté, et le devant figure 5, avec les plis au bas de la taille.

2e *Toilette*. — Jupe de taffetas gris-perle, à traîne, unie du bas. Casaque de cachemire gris-perle soutachée en pareil. La casaque est dentelée en bas. Elle décrit en hauteur trois entredeux. Pèlerine ronde en cachemire gris-perle dentelée et soutachée en soie gris-perle. Large ceinture en taffetas gros grain à gros nœud d'où s'échappent quatre coques tombantes et deux pans.

Le patron de cette jupe est celui de la robe impératrice.

Le patron de la casaque est celui du dos et du devant de la douillette figures 4 et 5. Pour les modifications, voir le dessin de la confection de la 2e figure (*élégant*) planche 7. Manches plates, larges, à coude arrondi.

TOILETTES DE DAMES ET D'ENFANTS
(Ces modèles sont les patrons de nos gravures, planche XXVIII.)

Robe montante en alpaga blanc à jupe tout unie, faisant traîne.

Pardessus en alpaga blanc, fait de deux pièces, c'est-à-dire que la tunique ouverte est maintenue devant par un tablier, le tout orné d'un volant tuyauté en taffetas maïs, et illustré de choux de rubans maïs. Le corsage du pardessus est décolleté carré, avec manches ajustées reproduisant également le petit volant de taffetas maïs. — Le patron de la robe est celui de la robe princesse.

Le patron de ce pardessus est celui de la douillette.

Les mesures à prendre sont celles de derrière et devant, depuis la taille jusqu'où indique la gravure.

Le lé de cette tunique, derrière, est plus long que celui de devant, les coins sont arrondis. Le lé pour le devant fait le tablier, il ferme sur le côté et recouvre le lé de la tunique de derrière.

COSTUME DE PETITE FILLE

Robe en sultane gris perle, ayant pour ornement, dans le bas de la jupe, deux galons gris perle. Petite veste zouave sans manches, en taffetas bleu, et ceinture bleue à laquelle est enchevêtrée une écharpe bleue rejetée derrière, où elle se noue.

La veste zouave est coupée sur le patron du corsage. Le dos est placé comme cela a été indiqué pour la confection de la première figure de la planche VI.

TOILETTES DE DAMES ET D'ENFANTS
(Ces modèles sont les patrons de notre gravure, planche XXIX.)

Toilette de dame, blouse en alpaga blanc, se plissant à la taille sous une ceinture de velours noir, à larges coques et à longs bouts flottants derrière. Cette blouse, formant tunique, est relevée sur les côtés par de larges choux de velours noir. Les manches ajustées, font revers bordés de velours.

La jupe en alpaga blanc est ornée d'un petit volant tuyauté, surmonté de deux rangs de large velours noir.

Le patron de cette blouse est celui de la douillette.

A la longueur du dos et du devant on ajoute pour la longueur de la tunique.

On trace le dessin du dos absolument comme celui du petit paletot flottant à la taille ; la seule différence c'est qu'il est tracé plus long.

Le devant se prépare de la même manière.

COSTUME DE PETITE FILLE

Le corsage tunique est en sultane fond blanc rayé de bleu. Le bas se découpe en festons allongés sur un jupon en sultane blanche, orné de distance en distance de petits ruchés de rubans bleus posés en biais sur l'étoffe.

Le haut du corsage, décolleté carré sur une chemisette également décolletée, est orné de cordons de soie blanche et bleue tombant en triple rang sur la poitrine et se nouant sur les épaules, d'où retombent des glands de soie.

TOILETTES POUR DAMES ET PETITES FILLES
(Ce modèle est le patron de notre gravure, planche XXX.)

Toilette de parc ou de promenade. Robe en sultane gris perle, composée d'un corsage montant et d'une jupe fourreau à traîne, ornée de rubans perle plus foncés, dessinant le motif représenté sur notre gravure.

Notre figurine porte la ceinture péplum. Cette ceinture péplum de même étoffe que la jupe et le corsage, se découpe en longues dents encadrées du même ruban que celui de la jupe.

Elle est fixée à la taille par une ceinture-écharpe. Les manches sont ornées comme le corsage.

Le patron du dos de ce corsage est celui de la capote figure 6, et le devant figure 7.

COSTUME DE PETITE FILLE EN ÉTOFFE DE LAINE RAYÉE

La jupe à créneaux retournés et doublés de rouge, qu'un bouton fixe à leur place, est complétée par un jupon nansouk à double volant. Le petit corselet à bretelles est échancré carrément sur un corsage de mousseline.

MATINÉE EN MOUSSELINE ET COSTUME A TRAINE
(Ces modèles sont les patrons de notre gravure, planche XXXI.)

Costume court à traîne en sultane gris perle.

Il est composé d'un jupon gris tout uni et d'une blouse à tunique relevée par derrière. Cette tunique est ornée d'un volant plissé de taffetas bleu, avec biais de taffetas lui faisant tête. Ce biais se répète aux emmanchures et aux bouts de manches. La ceinture, en taffetas bleu, est fermée derrière par de larges coques semblant fixer un lé partant en pointe du derrière de la taille pour se prolonger en traîne. Cette traîne est encadrée d'un large biais de taffetas bleu, ayant deux autres petits biais pour bordure.

Le corsage de cette tunique est le patron de la capote, dos figure 6, et le devant figure 7.

Le dos est d'une seule pièce. Le devant n'a pas de plis cousus : c'est la couture qui serre les froncis à la taille.

Les manches sont à coudes arrondis.

DEUXIÈME FIGURE

Matinée en mousseline blanche. La jupe, tout unie, sur transparent paille, est complétée par un pardessus en mousseline, tout encadré d'un plissé de mousseline et relevé de chaque côté de la jupe par des choux de rubans bleus.

GUIMPE EN MOUSSELINE A PETITS PLIS
MANCHES AJUSTÉES

Pour avoir le patron de ce pardessus en mousseline, prenez les longueurs, depuis le cou jusqu'au bas de la jupe de votre robe, ajoutez ce qu'il faut de surplus de longueur, deuxième mesure prise devant, depuis le cou jusqu'au bas de la jupe : réunissez le patron du dos de la douillette à celui du devant; mettez les coutures de l'emmanchure et du cou justes, et croisez le rond du dessus de l'épaule, qui est inutile. Les patrons réunis, posez-les sur une grande feuille de papier que vous aurez préparée; ajoutez au dos la longueur que vous avez prise du cou jusqu'au bas de la robe. Donnez au bas de cette longueur la largeur que doit avoir le pardessus au bas de la jupe. Cette largeur est déterminée par celle que donne la circonférence du tour de vos jupons. Ces mesures, de longueur et de largeur marquées, on arrondit les coins du lé. Ajoutez au de=

vant de la même manière. Ces mesures marquées des deux côtés, on fait un tracé que l'on commence devant, à la hauteur de la ligne des plis, et l'on descend en arrondissant un peu vers le bas, pour s'arrêter aux mesures de longueur et de largeur.

Pour faire la décolleture carrée, la ligne marquée au dos du patron, sur laquelle est dessiné le contour du dessous du bras, vous montre où doit se faire le tracé de l'échancrure.

Ce pardessus n'a pas de couture sous le bras. Pour l'éviter, il faut rejoindre celle du dos à celle du devant et couper l'étoffe du pardessus tout autour de l'emmanchure du patron, pour lui donner la forme.

On ajuste la petite manche, qui est courte. Pour patron, prenez le haut de celui de la manche plate.

Cette petite manche se fait d'une seule pièce.

Le bas de la manche, sur le bas, s'échancre un peu.

DEUX TOILETTES DE CHATEAU
(Ces modèles sont les patrons de notre gravure, planche XXXII.)

Costume court, jupon de taffetas gris à fines rayures vertes. Tunique de taffetas gris, composée de quatre lés encadrés de biais de taffetas vert. Cette tunique, ouverte sur le côté, est rattachée par des nattes de soie grise, faisant brandebourgs. Ces brandebourgs, disposés un peu en biaisant, sont fixés sur chaque lé par de larges boutons de taffetas vert.

Petit mantelet Marie-Antoinette en taffetas gris gansé de vert. Sur cette ganse sont posées en travers, tout autour, de petites pattes inégales en taffetas vert.

Le corsage de cette tunique est celui de la douillette. Les lés de la jupe sont coupés étroits du haut. L'un des côtés est à droit fil ; l'autre a du biais. On les assemble, un droit fil et un de biais.

Les manches sont plates.

Nous avons donné plus haut deux modèles de fichus Marie-Antoinette. Le mantelet ne diffère que par la largeur des pans, qui se nouent derrière. Les bouts sont larges du bas et coupés en carré à pointe.

DEUXIÈME FIGURE
(Ce modèle est le patron de notre gravure, planche XXXII.)

Costume en alpaga de deux nuances. Le bas du jupon est couvert de cinq petits volants gris et bleus, alternés. La tunique, grise, est formée de pans séparés et encadrés de dents relevées en étoffe bleue. La veste bleue, sans manches, est arrondie devant et tourne autour de la taille, sans presque la dépasser, en se découpant en dents de dimension égale à celles de la tunique. Chemisette de mousseline à demi ajustée.

Le patron de la petite veste est celui de la douillette; nous l'avons indiqué. Voir le patron de la planche XXXIV.

DEUX TOILETTES
(Ces modèles sont les patrons de notre gravure planche XXXIII.)

Corsage à basque de lancier. — Robe de poult de soie noire. Corsage à basque lancier derrière, encadré d'un double rang de passementerie sévillane encadrant un entre-deux clouté de jais. Épaulette de même passementerie; au bas de la manche, ornement pareil à l'épaulette. Dans le dos, rosace de passementerie à laquelle perle un gland.

Le patron de ce corsage est celui de la douillette dos figure 4 et devant figure 5.

A la couture du milieu du dos et à celle du dessous du bras on ajoute ce qu'il faut pour la longueur de la basque. Les échancrures de cette basque sont affaire de goût. Les manches sont plates, à coude arrondi.

Deuxième toilette. — Corsage Vendéenne. Ce corsage est en popeline pensée, ainsi que la robe; il croise devant et s'attache de côté; le haut du corsage est droit boutonné par boutons de passementerie. L'ornement se compose d'un biais de gros grain pensée et d'une soutache blanche; ce biais descend sur la jupe.

Manches étroites dentelées, le haut du corsage est dentelé.

Le patron de ce corsage est le dos figure 4 et le devant figure 5.

Les deux parties qui forment le devant se coupent séparément. Le côté droit croise sur le gauche. On ajoute ce qu'il faut pour faire ce croisé, à la couture du milieu du devant. Il a trois plis cousus au bas de la taille. Manches plates à coude arrondi.

COSTUME ESPAGNOL

(Ce modèle est le patron de notre gravure, planche XXXIV.)

DOS DE LA ROBE

Le patron de cette toilette est le dos de notre figure 4, et il est d'une seule pièce.

DEVANT DE LA ROBE ESPAGNOLE

Ce patron est celui de la douillette, figure 5.

Le devant de cette taille fait le gilet, avec les trois plis sous la gorge; il y a une poche sur le côté du devant.

Le gilet descend plus bas que la ligne du tour de la taille. Pour les proportions, ajoutez à la longueur de la ligne de la couture du devant ce qu'il faut de longueur; la gravure de modes vous le montre. Le gilet reste ouvert devant. Pour cela on coupe un peu à la ligne du milieu du devant. On commence à la ligne de la taille et l'on descend en élargissant jusqu'au bas qui a été ajouté à la longueur de la taille. Ce surplus de la longueur de la taille est destiné à faire une petite basque pour former la pointe; depuis le milieu du devant on fait un tracé en arrondissant un peu, et en rétrécissant on rejoint la couture du dessous du bras.

Remarque. — Toutes les fois qu'un vêtement descend plus bas que la longueur de la taille, on ressort un peu aux coutures; c'est ce qu'il faut faire à la couture du dessous du bras de ce corsage (à gilet).

Pour que la basque soit assez large sur la jupe, on lui donne de l'ampleur par les plis. A la ligne du tour de la taille on coud les plis dans toute sa profondeur; mais depuis la ligne du tour de la taille, on les diminue pour finir en perdant imperceptiblement vers le bord de la basque du gilet. La place pour la hauteur des poches, c'est la ligne du tour de la taille; pour la distance qu'elles doivent avoir avec le milieu du devant, c'est un tiers du milieu de la poitrine. Elles se placent sur les trois plis, lesquels sont un peu effacés par la petite patte qu'il est d'usage de mettre à la poche.

A l'intérieur du corsage on pose un ruban de toile; on l'arrête au milieu du bas du dos, à la couture du dessous de bras et aux plis du dessous de la gorge, pour venir l'agrafer par devant.

VESTE ESPAGNOLE

DOS.

Pour préparer ce modèle nous tirons les lignes pour former une équerre. On pose le patron du dos le long de la ligne montante. On dessine le tour du cou. On pose le bout du crayon sur le bout de la couture du dessus de l'épaule du côté du cou. Avec la main droite on le tient ferme pour éviter un changement de place, pendant qu'avec la main gauche on prend le patron au bas du dos pour le retirer un peu de la ligne montante. On fait un tracé tout autour du patron. Cette empreinte prise sur le papier, on retire le patron. A la couture du dessous du bras on ajoute à proportion de ce que l'on a ajouté au bas du dos. On trace la couture en commençant à l'emmanchure, à laquelle on ajoute un peu, et l'on descend en élargissant vers la ligne de la taille. Cette veste, qui se met sur le corsage de la robe, doit être un peu plus grande ; c'est pourquoi on ajoute un peu au bas du dos et à la couture du dessous du bras. Ci-contre le devant de la veste espagnole.

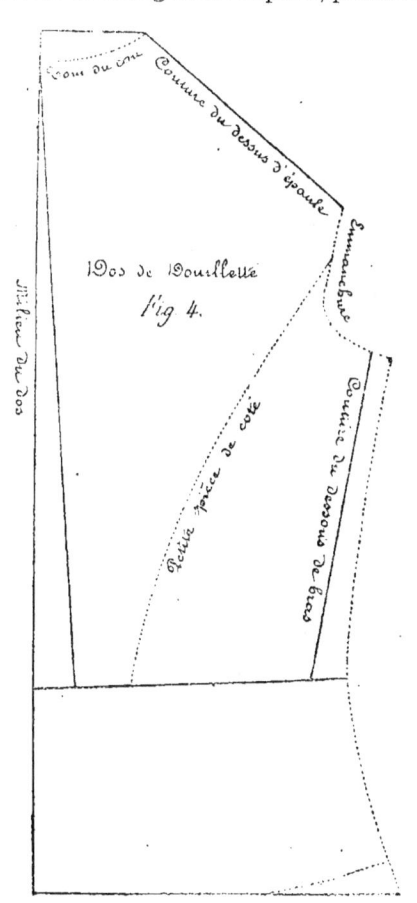

PATRON DE ROBE ET VESTE ESPAGNOLE (DOS)

VESTE ESPAGNOLE

DEVANT

Prenez le devant de la douillette figure 5.

Des trois plis qui sont sous la gorge, disposez-les à n'en faire qu'un. Ce pli faufilé, si vous voulez faire une veste ouverte de manière à bien laisser voir la robe ou la chemisette, il faut commencer à tracer à partir de la couture du dessous de bras, et en arrondissant, on vient rejoindre l'encolure, ce qui forme un rond de feston.

Si l'on veut, au contraire, que cette **veste soit fermée**, arrondissez beaucoup moins, et suivez, à proportion de votre volonté, ce que vous représente la gravure d'où est tiré notre patron. Les manches sont plates avec un revers.

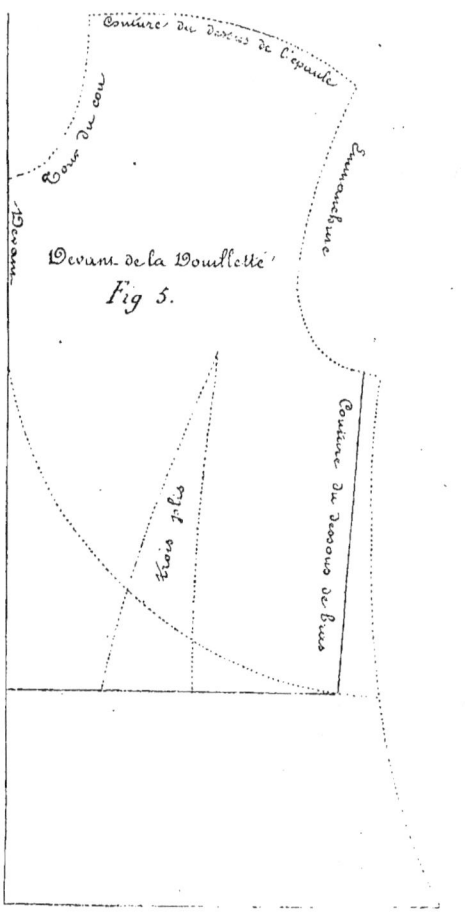

PATRON DE ROBE ET VESTE ESPAGNOLE (DEVANT)

LINGERIE

(Ces modèles sont les patrons des figures planche XXXV.)

N° 1. Bonnet du matin en nansouk, froncé derrière en capuchon et orné devant, en couronne, d'un ruban bouillonné, bordé des deux côtés d'une petite dentelle basse ; de chaque côté un petit nœud mouche est posé près de la tempe, et, derrière, les pans du ruban bouillonné flottent dans le dos.

N° 2. Sous-manches de nansouk, de deux bracelets de velours et de deux très-petits volants de mousseline blanche festonnée qui alternent avec le velours.

N° 3. Coiffure pour petite soirée composée d'un pouf rond en blonde blanche sur lequel est posée une grosse touffe de volubilis ; derrière pendent deux pans de velours noir sur lesquels serpentent les bouts de la blonde blanche du pouf.

N° 4. Col en mousseline festonnée et velours passant entre les deux petits volants, semblable à la sous-manche numéro 2.

N° 5. Chemise de femme. Le tour des épaules est entouré d'une double bande de broderie festonnée, d'où partent, en rayonnant, des entre-deux de broderie qui sont séparés par de petits plis qui forment comme une berthe à dents ; les dents, assez larges, sont bordées par un entre-deux étroit et une double bande étroite de broderie au plumetis ; ces dents sont au nombre de neuf ; il y en a un nombre plus ou moins grand suivant la dimension de la personne qui doit la porter. La broderie forme seule l'épaulette, et la manche offre la même disposition de petits plis et d'entre-deux que le haut de la chemise. Il est à remarquer que cette chemise est presque sans manches et que l'échancrure du bras est extrêmement large, ce qui la rend difficile à déchirer.

N° 6. Corsage de nansouk blanc pour mettre avec une jupe ou sous une veste. Le tour du cou est orné d'un bouillonné de mousseline, qui redescend devant comme un jabot. Ce bouillonné est encadré des deux côtés par une petite dentelle basse et une bande festonnée. Le même ornement forme épaulette autour de l'entournure et manchette au bas des manches.

N° 7. Corsage de nansouk orné de broderie qui entoure le cou et redescend sur le devant jusqu'à la ceinture. Un des côtés de la broderie croise sur le devant, à la polonaise, quoique la broderie doive tenir le milieu du corsage.

On ne doit pas mettre de nœud ni de cravate avec ce modèle. Des entre-deux de broderie pareille partent de l'épaule, et trois pattes viennent, en s'écartant, former un ornement au haut de la manche. En bas des manches, le poignet reproduit le même entre-deux entre deux petits volants très-légèrement froncés.

Le patron du corsage numéro 6, est celui de la douillette, auquel on ajoute un peu tout autour des coutures pour qu'il ne colle pas à la taille comme un corsage plat. On ajoute, tout autour, à la longueur, ce qu'il faut pour la basque. On réduit à deux plis, les trois que l'on fait aux corsages plats. Les manches sont plates, coude arrondi; assez larges pour faire des froncis autour de l'emmanchure et vers le poignet.

Patron du corsage numéro 7.

C'est le même que celui numéro 6, avec cette différence qu'il croise un peu devant.

Pour ce croisé on ajoute, à la couture du milieu du devant, ce qui est nécessaire.

MODELES DE LINGERIE
(Planche XXXVI.)

PREMIER MODÈLE. — Camisole en nansouk avec pièce d'épaule se prolongeant devant en étole et toute rayée de petits plis. Cette pièce d'épaule ressort d'autant mieux qu'elle est encadrée d'un petit volant brodé et festonné. Le tour du cou et le devant reproduisent à plat la même garniture.

Le patron de cette camisole est celui de la douillette, dos figure 4 et devant figure 5. Pour les modifications, voir la confection de la première figure, planche VI. L'empièecement de cette camisole se fait sur le patron de la douillette, en réunissant aux emmanchures et autour du cou les deux pièces, dos et devant. On mesure au dos trois parties, depuis le cou, et devant une partie et demie. On tire une ligne au dos, où l'on a mesuré les trois parties, et une au devant, où l'on a mesuré une partie et demie. On trace le modèle de cette pièce en commençant au dos; on arrondit sur le bras et l'on rejoint où l'on a marqué la partie et demie. Ce tracé fait, on dessine les pointes. Le petit col est posé sur une bande droite. Les manches sont plates, un peu larges, coudes arrondis; elles font la pointe.

A ce modèle de camisole nous en joignons trois qui sont très en usage et se font journellement. Nous avons cru inutile d'en tracer les dessins; il nous suffira d'en indiquer les patrons.

Le premier de ces trois patrons a le dos et le devant d'une seule pièce. C'est le patron du dos et du devant de la douillette, figures 4 et 5; pour les modifications à y apporter, voir la confection de la première figure, planche VI.

Au deuxième patron, le dos se fait comme celui du premier modèle. Il estd'une seule pièce, juste vers le cou, et il s'élargit dans le bas. Le devant se fait avec une pièce, c'est le patron de la douillette. On mesure en hauteur à la ligne du milieu du devant une partie et demie. A cette marque on pose la règle et l'on tire une ligne droite du milieu du devant à l'emmanchure. Cette ligne indique la hauteur de la pièce. C'est le haut du patron de la douillette qui donne les proportions. On coupe le patron à cette ligne qui a été tirée. L'échancrure de l'emmanchure du patron reste la même, ainsi que la couture du dessous du bras. On ajoute à la longueur de cette couture ce qu'il faut pour qu'elle soit en rapport avec celle du dos. Au milieu du devant on ajoute pour l'ampleur : l'usage est un tiers pour les étoffes fortes et une moitié pour la mousseline.

Le troisième patron enfin a le dos et le devant avec pièce. Le devant est celui du deuxième modèle que nous venons de tracer, le dos se prépare de la même manière; la seule différence est de mesurer trois parties en hauteur, depuis le cou, sur la ligne du milieu du dos.

DEUXIÈME MODÈLE. — Col Van Dyck en toile, encadré d'un entre-deux et d'une dentelle de guipure. Il est fermé devant par un long nœud de ruban assorti à la toilette.

Le patron de ce col se trace comme celui du col marin.

TROISIÈME MODÈLE. — Petit paletot en nansouk pour négligé du matin. Il est en nansouk tout couvert de petits plis. Le col revers est brodé et encadré d'une dentelle. Des pattes brodées assorties à la broderie du col ferment le devant et se trouvent fixées aux deux extrémités par des olives en passementerie blanche.

La manche ajustée, également rayée de petits plis, reproduit, du haut en bas, comme ornement, les bandes brodées qui ferment le devant. Le bas de ce paletot et le bout de manche sont garnis d'une dentelle rabattue.

Le patron de ce modèle est celui de la douillette, dos figure **4**, et le devant figure 5.

Il est à observer que le devant de ce modèle, qui est arrondi, est plus long sur le devant que sur les hanches.

Pour les modifications, voir la confection de la première figure, planche VI.

Le tour du cou est échancré devant, formant la pointe.

Le petit col est tracé avec les trois parties, comme nous l'avons indiqué pour le col marin.

QUATRIÈME. — Col folie composé d'un bouillon avec garniture à dents, en guipure ou en mousseline brodée. Ce col est fermé devant par un étroit nœud de velours avec pans flottants.

La manche est l'exacte répétition du col.

Ce col folie est tracé avec les deux parties et demie, comme le col marin.

Le patron de la manche est celui des manches plates à coudes arrondis.

Cinquième. — Petite robe polonaise en toile blanche. Le corsage, décolleté carré, est encadré d'un entre-deux brodé faisant le tour d'épaules et revenant se prolonger devant en bord du côté gauche, lequel est croisé en biais jusqu'au bas de la jupe.

Une petite broderie de soutache faisant festons, suit cet entredeux, dont elle complète l'effet. Cette garniture fait tête dans le bas à un large volant plissé. La manche, courte, reproduit la garniture ainsi que la ceinture, fermée de côté par une rosace d'étoffe.

Nous l'avons dit, la taille d'un enfant de cet âge n'a pas encore de proportions.

Pour préparer le patron du corsage de cette robe, prenez le tour du corps, passant sous les bras; marquez-en la moitié. Prenez le tour de la taille, marquez-en de même la moitié. Prenez une feuille de papier sur laquelle vous tracerez les largeurs que vous avez prises. Sous le bras, vous formerez la couture en biaisant un peu. Vous formerez le dessus des épaules par un tracé carré, et par deux autres tracés, vous formerez le tour de l'emmanchure du bras.

La petite manche est une bande droite arrondie d'un côté, et un peu échancrée pour former le devant.

Sixième. — Parure en toile et en guipure se dessinant en trèfle. Le devant du col, formant deux pattes arrondies, est fermé sur la patte faisant devant de chemisette, par une rosace de ruban assorti.

La manche à poignet de toile, garni de guipure reproduit les trois pattes arrondies, encadrées de guipure, et qui semblent fixées sur le poignet par la rosace de ruban.

Le patron du col de cette parure est tracé en mesurant les deux parties et demie, comme nous l'avons indiqué pour le col marin. Le patron de la manche est celui des manches plates, coudes arrondis.

Septième. — Petit fichu-berthe en mousseline, encadré dans un double ruché de dentelle gansé par le milieu.

Il forme, de distance en distance, des plis carrés sur lesquels est fixé un nœud de ruban papillon, assorti à la couleur de la toilette.

Pour tracer le patron de ce petit fichu-berthe, réunissez les coutures du dessus de l'épaule, vers l'emmanchure et vers le cou du patron du dos et du devant. Dessinez la forme par un tracé que l'on commence au milieu du dos, à la hauteur de la ligne sur laquelle est tracé le contour du dessous de bras.

Ce tracé, qui se commence au milieu du dos, on le prolonge jusqu'à la couture de l'épaule, en tournant un peu, et l'on descend vers la ligne qui marque le milieu du devant du corsage. On ajoute à ce tracé la longueur pour ce que croisent les pointes.

On fait un second tracé pour former la décolleture. On le commence au milieu du dos, en arrondissant un peu; on rejoint la couture du dessus de l'épaule pour descendre vers le milieu du devant; on prolonge pour la pointe, comme on l'a fait pour le tracé précédent.

Les deux tracés, celui du bord comme celui du tour du cou, se font exactement de la même manière. Ils ne diffèrent que par la hauteur de la berthe.

PLANCHE DE LINGERIE

(Ces modèles sont ceux de nos figures, planche XXXVII.)

Modèles un et deux. — Ainsi qu'on le verra d'après cette planche de dessins, la lingerie se modifie chaque jour et offre des créations véritablement originales.

Par exemple, le col à pointe allongée est remplacé maintenant par le col-cravate, composé d'un petit col rabattu ou montant, fermé devant par un nœud de mousseline brodée et encadré de dentelle, selon que le col est brodé et entouré de dentelle.

La manche forme large, poignet assorti au col-cravate. Un petit nœud de ruban ferme cette manche et se reproduit sur le nœud du col.

Le patron de cette manche est celui de la manche plate, coude arrondi. On supprime le haut du patron.

Le patron de la chemisette est celui de la robe, dos figure 8, et devant figure 9.

Les plis qui sont sur le devant se cousent avant de faire l'échancrure du col. Le col est une bande droite.

TROISIÈME MODÈLE. — Le mantelet Marie-Antoinette est en grande faveur; aussi s'applique-t-on à le faire en mousseline et en dentelle, de même qu'en étoffe.

Celui que représente le dessin est orné de deux volants, que l'on peut, à volonté, choisir en valenciennes, en guipure ou en mousseline brodée. Ce mantelet, retenu sur les épaules par de petites pattes de rubans assortis à la robe, se croise devant et se noue derrière, pour retomber en pans assez longs, flottants sur les deux tiers de la jupe.

Il convient surtout, en mousseline et en dentelle, pour toilette de dîner, pour concert...

Le patron de ce mantelet est le dos de la douillette, figure 4, et le devant figure 5.

On réunit les deux pièces vers l'emmanchure et vers le cou. Plusieurs fois déjà nous avons donné ce modèle comme fichu et comme mantelet, avec toutes ses proportions, nous croyons inutile de le répéter.

QUATRIÈME MODÈLE. — Bonnet d'appartement convenant surtout aux dames désirant dissimuler le chignon.

Il est en mousseline, avec ruché de dentelle formant le devant et encadrant le derrière, qui se découpe au-dessus du chignon, pour s'arrondir de chaque côté et se prolonger en longues barbes.

Ce bonnet, qui se met fort en avant sur le front, est illustré d'un nœud de ruban assorti à la toilette.

Le même nœud se répète avec de longs pans au-dessus du chignon, à l'endroit ou la passe se sépare pour se prolonger de chaque côté du chignon. Quant au col, ce modèle a été tracé plus haut, dans notre petit col marin.

CINQUIÈME MODÈLE. — Petit bonnet pouf, composé de ronds de

dentelle et de broderie superposés, encadrés d'un riche bord de dentelle tout étoilé de fleurs. Brides de dentelles fixées par une fleur.

Le col est fait avec les trois parties, comme nous l'avons tracé au col marin.

Sixième modèle. — Corsage en mousseline faisant double plastron, encadré d'un entre-deux de broderie. Le col, qui ne se rabat derrière que comme une étroite garniture, rappelle devant le col marin, mais est beaucoup plus mignon.

La manche ajustée reproduit, ainsi qu'on le voit, d'une façon très-originale les entre-deux faisant cadre au plastron.

Ce corsage convient particulièrement pour accompagner les robes décolletées carré.

Ce modèle se fait sur le patron de la robe, dos figure 8, et le devant figure 9.

On ajoute au bas de la taille pour faire les plis, et on ajoute à la longueur du patron, à la couture du devant et à celle du dessous de bras pour la bande qui fait volant autour de la ceinture.

Le plastron se coupe sur le patron du dos et du devant de la douillette, en les réunissant vers l'emmanchure et vers le cou. Les pointes qui servent d'ornement sont affaire de goût et de fantaisie.

Pour aider à faire le tracé de cette pièce, la petite ligne qui indique la hauteur des plis sous la gorge et le tour de l'emmanchure montre la place où doivent se trouver les pointes. Le petit col est à pointes, large devant, étroit derrière. Les manches sont plates, coude arrondi.

Septième modèle. — Corsage en guipure noire disposée en entre-deux, alternés de velours noir ou de rubans noirs bordés de jais.

Les ornements du devant, formant losanges, sont composés de rubans ou de velours encadrés de basse guipure. Les mêmes losanges se reproduisent au bas de la ceinture comme des basques délicatement découpées.

Le col est remplacé par une petite guipure montante.

La manche à la juive est toute rayée en biais d'entre-deux, et de velours alternés. Les losanges se reproduisent en riche épaulette à l'emmanchure, redescendent ensuite jusqu'au bord, comme pour retenir le dessus de la manche à mi-hauteur du bras.

Le patron de ce modèle est celui de la robe, dos figure 8, et le devant figure 9.

Le patron de la manche est celui de la manche plate.

Pour tracer ce modèle, depuis le coude on descend en élargissant, comme le montre le dessin. Cette manche se fait plus ou moins large. Le col est une petite bande droite. Les ornements, affaire de goût et de fantaisie.

ROBE D'ENFANT

(Ce modèle est celui de notre planche XXXVIII.)

L'enfant, à cet âge, n'a pas de proportions. Mesurez le tour du corps et le tour de la taille. Préparez ce modèle, tracez la couture du dessus de l'épaule, le tour de l'emmanchure et la couture du dessous du bras, comme de coutume. La décolleture est faite en rond.

La petite manche est arrondie dans le haut pour faire l'emmanchure. On l'échancre un peu sur le devant.

Le bas de la manche est échancré sur le bras.

ROBE ET PARDESSUS EN PIQUÉ

(Ce modèle est celui de notre planche XXXVIII bis.)

Le pardessus est en piqué. Le patron de cette confection est le dos de la douillette, figure 4, et le devant figure 5.

Pour les modifications à faire, voir la confection de la première figure, planche VII.

Le petit col est fait avec deux parties et demie, comme nous l'avons indiqué pour le col marin. Les manches sont plates, coude arrondi. Les ornements, affaire de goût.

ROBE D'ENFANT, AVEC VESTE
(Ce modèle est le patron de notre planche XXXIX.)

Le corsage de cette robe est fait avec des entre-deux brodés.

Des boutons sont posés sur une bande droite et simulent la fermeture du corsage devant. Ce corsage se ferme derrière.

Le patron de la petite veste est fait sur celui du corsage.

On supprime devant, pour laisser voir l'ornement de la robe.

Préparez votre patron, celui de la douillette. Vous ne ferez pas de plis sous la gorge, parce qu'il n'y a pas de proportions; s'il y avait pour en faire un, il serait petit.

Les ornements, on le sait, sont affaire de goût et de fantaisie.

Les manches sont plates, à coude arrondi. Une gibecière faite avec le même ornement que celui de la robe est placée sur le côté droit de la jupe.

ROBE A PETITS VOLANTS
(Cette robe est notre modèle, planche XXXIX bis.)

Nous l'avons dit, il n'y a pas de proportions pour taille d'enfant de cet âge. Pour préparer le patron, c'est un morceau de papier droit auquel on donne la largeur du tour de la taille de l'enfant, et la hauteur, depuis le cou jusqu'au bas de la taille, devant et derrière. On le décollète, selon ce que présente la gravure de mode, ou à volonté.

La couture du dessus de l'épaule, celle de l'émmanchure, et la couture du dessous de bras, se tracent au crayon, comme nous l'avons démontré.

La jupe et le corsage de cette robe sont d'une seule pièce. De gros plis arrêtés à la ceinture et au-dessous de la gorge forment la taille. On pose cette taille plissée sur le patron préparé pour en obtenir la grandeur. Le tour de la gorge et le bas de jupe sont garnis par de petits volants.

La manche est courte, avec des froncis qui lui font faire le bouffant.

LINGERIE.

(Ces modèles sont les patrons des figures planche XL).

N° 1. Bonnet de mousseline entouré d'un ruché épais de mousseline bordé d'une basse valenciennes, deux nœuds papillons en taffetas vert sur le côté; trois autres plus petits dans le ruché au-dessus du front.

N° 2. Robe de baptême en nansouk, ornée dans le bas d'une série de sept petits plis très-fins, séparés par un entre-deux de quatre autres petits plis du même genre. Les plis commencent au-dessous d'un ourlet très-haut; le devant forme tablier arrondi des coins, il est entouré d'un volant de mousseline terminé par un petit feston à dents pointues, au-dessus duquel sont trois petits plis très-fins. Le tablier est formé alternativement d'entre-deux brodés et de petits plis. Il y a sept entre-deux dans la hauteur totale de la jupe. Le corsage, décolleté carré, est entouré du haut d'un entre-deux et en a un second près de la taille, et tout le milieu rempli par de petits plis. La manche, très-courte, est plate, a la même disposition et se termine par un petit volant festonné à dents.

N° 3. Bonnet de lingerie, forme capuchon, en mousseline, orné de nœuds de mousseline également, bordé d'un petit liseré de nansouk glacé blanc. Une ruche froncée forme diadème au-dessus du front. Brides pareilles nouées sous le cou, nœud sous le capuchon.

N° 4. Col pour robes ouvertes avec quatre petits plis disposés en colonne ornant le devant et répétés quatre fois. Une croix de mousseline brodée avec petits festons autour et posée comme un nœud sur le devant. Petit col droit montant orné de même.

N° 5. Manche pareille, fronçant légèrement vers le poignet.

N° 6. Col-cravate Létorière, montant droit, et à larges pans devant, formant nœuds en escalier avec une barette au milieu en mousseline brodée. Les pans sont ornés d'un entre-deux de valenciennes.

N° 7. Manche du même, coupée comme la précédente.

N° 8. Corsage de mousseline montant composé de plis droits entre lesquels est posé un entre-deux de mousseline brodée; un entre-deux du même dessin, mais plus large, forme le milieu du corsage. Le col, droit et bas, est entouré d'un petit feston.

N° 9. Dessus de corset en nansouk décolleté et fermé devant. Autour des épaules, petite valenciennes à dents, posée au-dessus d'un bouillonné de mousseline qui doit être visible lorsque la robe est mise.

Les patrons des numéros 4 et 6 sont ceux de la robe; dos, figure 8 et devant, figure 9.

Le patron du corsage numéro 8 est celui de la robe; dos, figure 8, et devant, figure 9.

On ajoute à la longueur des coutures du milieu du dos, à celles du milieu du devant et à celles du dessous des bras, ce qu'il faut pour la longueur de la basque. Les manches plates, coude arrondi.

Le patron du corset, numéro 9, est celui de la robe; dos, figure 8, et devant, figure 9. On ajoute ce qu'il faut pour le faire croiser.

Aux coutures du milieu du dos, à celles du devant et à celles du dessous des bras, on ajoute à la longueur du patron ce que le corset descend au-dessous de la taille.

Les manches se taillent sur le haut du patron de la manche plate.

TOILETTE DE MARIÉE

Planche du frontispice

Première toilette. Toilette de mariée. Robe de satin blanc, traîne fort longue avec un haut volant dentelé. Un volant de haute dentelle est jeté sur la robe et simule la tunique : il est surmonté d'une ruche de crêpe blanc découpé, dans laquelle sont placés, de distance en distance, de petits bouquets de fleurs d'oranger. Une ceinture de dentelle, à pans fort longs et arrondis, part de la taille, tombe sur la tunique et est arrêtée sur le volant de dentelle par une agrafe de fleurs d'oranger. Le corsage uni, montant derrière, a une petite ouverture devant et laisse échapper un jabot d'Angleterre. La ceinture en satin blanc a un nœud à six coques tombantes entre lesquelles sont placés des coquillés de dentelle. Une très-grande coquille la termine. Les manches ont un ornement Louis XV composé d'un très-haut sabot de dentelle.

Le patron du corsage de cette robe est celui de la capote, dos figure 6 avec son petit côté, et le devant figure 7. Deux plis au bas de la taille. Le patron de la manche est celui de la manche plate jusqu'au coude. La dentelle finit la manche.

Deuxième toilette. Robe de faille vert-printemps ornée d'une guipure blanche. La jupe, à traîne, porte en bas une guipure blanche disposée en festons enlacés. La tunique, ornée de la même guipure, a la forme arrondie derrière, remonte en biaisant sur les hanches et s'arrête carrément devant en remontant droit sur le corsage, où elle s'arrête au milieu de la poitrine. Ceinture ronde de guipure pareille.

Le patron du corsage de cette tunique est celui de la douillette, dos figure 4 et le devant figure 5. Pour les modifications à faire, voir le patron de casaque Dubarry pl. 16. Manches plates, à coude arrondi.

APPENDICE

ROBE A LA VIERGE

Cette robe dont la forme est excessivement gracieuse et que je nommerai robe à la vierge, est le patron du dos de notre robe

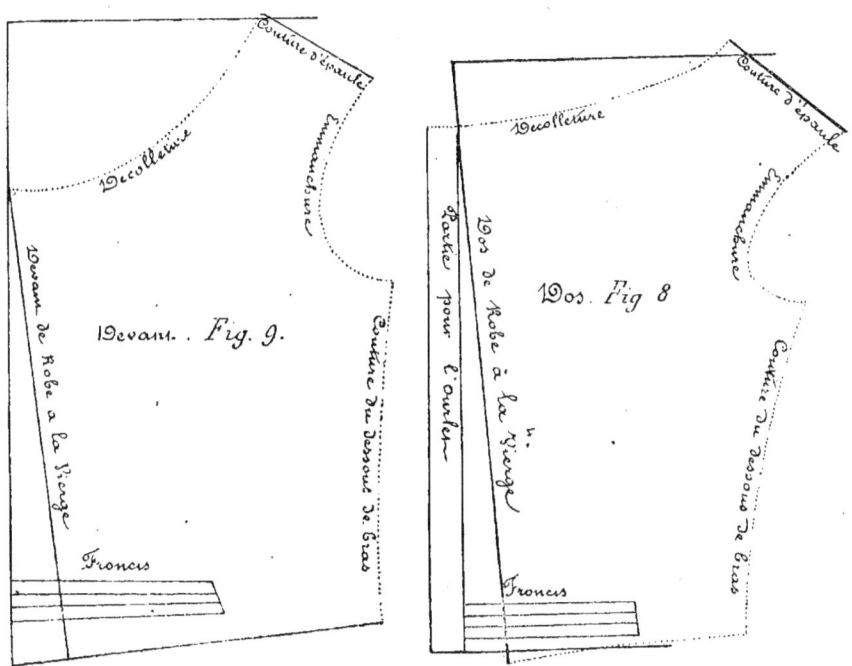

PATRON DE ROBE A LA VIERGE (DEVANT)   PATRON DE ROBE A LA VIERGE (DOS)

fig. 8, et le devant fig. 9. Cette taille est tout à fait décolletée et en rond. L'étoffe qui sert à former les trois plis que l'on coud au-dessus de la gorge, a été employée à faire des froncis, qui sont rapprochés sur le devant et vont finir en éventail sur la gorge.

Devant. — Formez équerre, placez le patron à l'équerre le long de la ligne montante, dessinez le tour du cou, placez le crayon à la couture du dessus de l'épaule du côté du cou; avec la main droite tenez le crayon fixé, avec la gauche prenez le bas du patron, éloignez-le un peu de la ligne montante, moins que pour le dos, parce qu'il y a déjà le tiers de la moitié de la poitrine dont on se sert pour faire les plis, qui, avec ce que l'on a ajouté au bas du dos, formeront les froncis de devant.

Suivant la force de l'étoffe, on met plus ou moins d'ampleur.

Nous ferons remarquer que ce corsage décolleté peut rester montant jusqu'au cou.

Dos. — Pour faire le dos, formez votre équerre, placez le patron à l'équerre de la ligne montante, dessinez le tour du cou, placez le crayon à la couture du dessus de l'épaule du côté du cou, avec la main droite tenez le crayon fixé, et avec la gauche prenez le bas de la taille du patron, éloignez-le de la ligne montante de manière à lui faire tracer un pli d'éventail de la valeur d'un tiers de la poitrine ; dessinez votre patron tout autour : cette empreinte prise, retirez le patron. Ce tiers de moitié de poitrine fera les froncis au bas du dos.

PELERINE ET PARDESSUS

Dans tous les temps on a porté des pèlerines.

Voici la règle générale pour les tailler, quelle que soit la mode. Prenez une très-grande feuille de papier : faites l'équerre au milieu, posez le dos de la douillette, figure 4, le long de la ligne montante et dessinez le tour du cou. Avec la main droite, posez votre crayon à l'encolure ; avec la gauche, prenez le patron au bas de la taille, éloignez-le un peu de la ligne en formant un pli d'éventail. On fera ce pli plus ou moins ample, suivant qu'on voudra donner à la pèlerine plus ou moins d'ampleur. Dessinez le patron tout autour ; cette empreinte prise, retirez-le ; prenez aussi le devant de la douillette figure 5, et rejoignez-les autour de l'emmanchure et vers le cou ; alors le rond de l'épaule de la partie du devant, qui nous est inutile, croise sur le dos. On dessine tout autour le devant ; cette empreinte prise sur le papier, on prend le milieu de l'emmanchure du bras, d'une couture à l'autre, c'est-à-dire depuis le contour du dessous du bras, du dos, à celui du devant ; on mesure droit, d'un contour à l'autre ; on marque la mesure par un point. On place la règle et on tire une ligne d'un point à l'autre. La ligne que nous venons de tirer vient faire l'équerre avec celle qui a été tirée sur la feuille de papier pour prendre l'empreinte du dos. Cette ligne marque la place du dessus de l'épaule.

Pour tracer le bord de la pèlerine on prend un cordon que l'on enroule autour d'un crayon que l'on tient très-droit d'une main, comme si c'était une branche de compas. Avec l'autre main vous tenez le cordon fixé à l'équerre. La longueur de la taille qui a tracé votre patron détermine la longueur d'une pèlerine que l'on veut qui descende vers la taille au bas du dos et vers la ligne d'où on l'a un peu éloignée. De cette ligne du milieu à celle du milieu du devant on forme la ligne courbe.

Si votre crayon a été tenu droit et que le doigt qui retient le cordon à l'équerre n'ait pas bougé, vous devez trouver la même hauteur des deux côtés.

Remarquez que le cercle tracé comme nous venons de le faire donnerait trop d'ampleur à la pèlerine sur le devant, à proportion du dos. Pour que ce devant soit proportionné à l'autre partie (le dos), je supprime deux parties en hauteur droit devant, et un tiers du milieu de la poitrine en largeur, en procédant comme suit : là où le demi-cercle a été arrêté, c'est-à-dire à la ligne du milieu du devant, on mesure sur la largeur un tiers du milieu de la moitié de la poitrine, que l'on marque d'un point. On pose la règle juste à la ligne du tour de la taille, à l'encolure de devant, et l'on tire une ligne qui vient rejoindre le point que nous venons de marquer.

POUR DÉTERMINER LA HAUTEUR

Du point où le demi-cercle a été arrêté, mesurez en hauteur sur la ligne du milieu du devant, depuis celle du tour de la taille, deux parties ; et de la ligne qui marque le dessus de l'épaule tracez des petits points qui iront, en arrondissant, rejoindre l'endroit où vous avez marqué les deux parties. Ces petits points doivent être parfaitement arrondis, pour figurer le cercle que vous avez supprimé. Quelle que soit la longueur que vous vouliez donner à la pèlerine, fût-ce jusqu'au bas des jambes, le procédé ne change pas.

Ce patron est le patron mère pour toutes les pièces de ce genre.

OBSERVATIONS

Si la mode voulait que ce vêtement fût à pointe par devant, la ligne qui marque le milieu des épaules serait le point de départ où l'on tracerait, avec le crayon, des petits points pour indiquer la forme.

Si la mode voulait que le vêtement fut à pointe par derrière comme devant, c'est aussi de la ligne de l'épaule qu'il faudrait tracer des points en venant rejoindre la partie du milieu du dos, pour tracer la forme que l'on veut donner.

Cette grande pèlerine que nous venons de tracer n'a pas beaucoup d'ampleur ; si l'on voulait qu'elle en eût davantage, il suffirait, quand on pose le dos, de l'éloigner plus ou moins de la ligne (ainsi que nous l'avons dit plus haut), pour donner l'ampleur que veut la mode ou que l'on désire soi-même.

On voit, par notre système, que, pour former les épaules, nous ne sommes pas obligé de faire des plis autour du cou.

Pour toutes les pèlerines, quelle que soit leur grandeur, elles sont infiniment plus gracieuses quand elles ont une couture derrière, et que l'étoffe est mise en demi-biais. Ce demi-biais s'obtient en présentant le patron à l'étoffe qui est mise droit fil. Vous tirez le patron par le haut, l'éloignant de la ligne jusqu'à ce qu'il forme ce demi-biais. En procédant de cette manière, le demi-biais donne de la grâce aux épaules.

Quand ce sera une étoffe avec des raies, il va sans dire qu'il faudra les faire rencontrer.

PATRON DE LA ROBE A BLOUSE

DOS

DE LA ROBE A BLOUSE

DEVANT

DE LA ROBE A BLOUSE

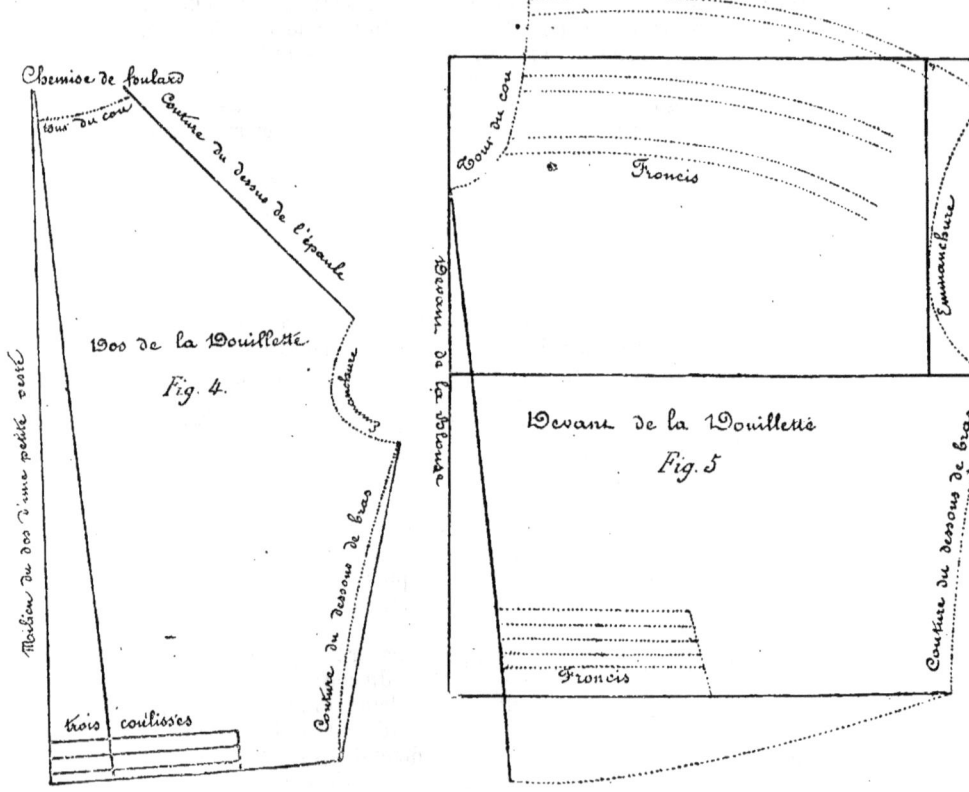

PATRON DE LA ROBE A BLOUSE (DOS) PATRON DE LA ROBE A BLOUSE (DEVANT)

ROBE A BLOUSE, DOUBLÉE (DOS)

Pour faire le dos de cette robe, prenez celui de la douillette, figure 4. Faites l'équerre sur une feuille de papier. On place son patron du dos, droit à la ligne montante de l'équerre. On trace le tour du cou. Avec le crayon on retient l'encolure à la couture de l'épaule avec la main droite; avec la gauche on prend le patron au bas de la taille, on l'éloigne de la ligne en formant le pli d'éventail, de la largeur de la moitié du tiers de la moitié de la poitrine, c'est-à-dire un sixième de la moitié de la largeur de la poitrine. C'est ce qui sert à faire les froncis au bas du dos, derrière.

Remarque. — On ne peut pas mettre moins d'ampleur; mais une étoffe très-mince, telle qu'une gaze, une mousseline peut en supporter un peu plus.

DEVANT

Formez votre équerre : à partir de l'équerre, mesurez en hauteur sur la ligne deux parties. De cette marque mesurez-en trois. Prenez l'autre bout de la mesure, et de ces trois parties mesurez la longueur de la taille qui est le numéro 3.

Ces mesures sont celles qui marquent la hauteur du devant.

Passons aux largeurs :

Sur la première ligne du haut, qui aide à former l'équerre, et sur la seconde ligne, nous mesurons la largeur de la poitrine, que nous doublons. Nous faisons un point. Nous prenons l'autre bout de la mesure où sont marquées les six parties, et nous mesurons une partie sur la première et la seconde ligne du point où nous avons marqué la largeur de la poitrine. Nous tirons deux lignes d'un point à l'autre; l'une du point qui marque la largeur de la poitrine; l'autre de celui qui marque la partie.

Quand vous faites le patron du devant de la douillette, pour tracer la couture du dessus de l'épaule, vous mesurez celle du dos, où vous avez marqué cette longueur; vous mesurez en élevant, une demi-partie. Pour le corsage à blouse, il faut en cet endroit mesurer une partie; et cela, afin que le devant ne soit pas raccourci par les froncis.

Ce double de largeur de poitrine sert à faire les froncis qui s'arrêtent sur les épaules et au bas de la taille. Le tour du cou, le dessus des épaules, le tour de l'emmanchure, sont les mêmes que ceux de notre patron mère, dos de douillette, figure 4, et le devant, figure 5.

Remarque. — Pour les robes à froncis et à plis, il est préférable de mettre la doublure du corsage plate, parce que de cette manière le corps est mieux tenu et les froncis ont plus de grâce. Pour cela, on coupe la doublure, on coud à la partie du devant les trois plis sous la gorge.

On épingle ce devant sur le tapis comme pour la taille plastron ; on pose le dessus de la taille en faisant rencontrer les échancrures, et l'on forme les plis sur l'épaule et au bas du corsage.

Les plis doivent toujours être en nombre impair, trois ou cinq.

Quand on fait des froncis, on passe trois ou cinq fils à un doigt de distance les uns des autres, sur l'épaule et au bas du corsage. Ces fils passés, on pose le devant sur celui de la doublure; on les serre et on les arrête.

Le corsage à blouse a toujours une petite ceinture droite.

TAILLE PLASTRON

POUR LES PERSONNES QUI ONT BESOIN DE GARNIR LEURS ROBES POUR DISSIMULER QUELQUES PETITES DIFFORMITÉS

Cette taille peut se fermer par devant ou par derrière, à volonté. On la prépare comme suit : Pour couper le dos, on met l'étoffe du milieu du dos à droit fil. La partie du devant se met également à droit fil.

Nous avons remarqué que pour les personnes maigres et qui ont besoin d'avoir leurs robes garnies, on se sert habituellement de ouate pour garnir les emmanchures, etc., etc. Voici ce que nous conseillons à cet égard, parce que nous nous en sommes rendu compte et l'avons éprouvé nous-même.

Prenez le patron mère de la douillette, dos figure 4, et devant figure 5.

Coupez deux pièces à votre étoffe; la première, pour servir de doublure, à laquelle on laisse pour les coutures; la deuxième pour le dessus du corsage. Celle-ci se coupe beaucoup plus grande que la première, parce qu'elle est destinée à recouvrir le plastron. A l'une et à l'autre de ces deux pièces, on coud les trois plis sous la gorge.

Cette remarque est générale.

Après avoir cousu les plis indiqués, prenez une planche sur laquelle on fait le repassage (il s'en trouve à peu près dans tous les ménages), à défaut de cela, placez une couverture sur une table, arrêtez-la aux quatre coins, et cela suffira parfaitement. Épinglez le devant tout autour. Pour que ce devant soit bien épinglé, posez les épingles au bas de la taille, où finissent les trois plis; continuez à épingler jusqu'à la couture du dessous de bras, montez jusqu'à l'emmanchure, passez vos doigts entre l'étoffe et le tapis pour faire bomber, remplissez ce vide que votre main aura produit, avec du crin, de la laine ou n'importe quoi de semblable, pour représenter la saillie que vous supposez à la personne pour qui la robe est destinée. Ceci fait : continuez d'épingler tout autour, puis appuyez dessus pour vous rendre compte de la dureté de votre remplissage, car il ne doit pas fléchir sous la pression de votre main. S'il n'est pas aussi ferme que le corps de la personne, retirez les épingles dans le haut et mettez ce qu'il faudra de plus en laine ou crin pour arriver à cette fermeté.

Cela fait, prenez du crin (le blanc est préférable), posez-le sur les parties qui ont besoin d'être garnies, et vous pouvez faire ainsi un buste parfait, en proportionnant la quantité de crin aux cavités que vous avez à faire disparaître, quelquefois même à faire ressortir. On diminue le crin pour finir vers la ligne des plis. Pour assujettir le crin à la doublure, de manière qu'il ne s'affaisse pas au bout de quelques jours, il faut en mettre une quantité assez importante et lui faire subir de suite la pression qui doit lui rester. Il faut donc le coudre à grands points, et néanmoins le serrer par ces points, jusqu'à ce qu'au contact il simule celui de la chair.

Pour les personnes qui auront besoin de garnir le dos, on épinglera le dos sur le tapis, sans aucune garniture dessous, on posera le crin dessus et l'on faufilera des points dessus comme on a fait pour le devant.

La bonne disposition de ce crin dépend de votre goût. Ce crin placé comme nous l'avons indiqué, retirez les épingles.

Il est bien entendu que ce devant que vous venez de garnir est la doublure du corsage. Placez cette doublure sur celui du dessus du corsage, que vous avez coupé en même temps, et auquel vous avez cousu les trois plis. Étendez bien les deux pièces, l'une sur l'autre, faufilez tout autour : réunissez les coutures et essayez.

Cette taille se fait plus ou moins montante, selon que vous la destinez pour être mise avec une robe de ville ou pour une robe de soirée. La décolleture qui nous paraît convenir le mieux est celle qui se fait ronde devant et derrière. Cette taille sera d'un bon effet si elle est lacée, comme on fait pour les bottines. De chaque côté des œillets on pose une petite baleine pour éviter que la taille ne plisse. C'est moins gros et plus délicat que les agrafes.

Le tour du cou sera bordé avec un ruban, et le bas de la taille avec une ceinture.

Il est bon d'avoir deux tailles, une pour robe de ville et l'autre pour robe de soirée.

La dame qui se sera fait une de ces tailles devra, après l'avoir mise, prendre une nouvelle mesure ; on comprend parfaitement que la première est devenue trop petite.

PATRON POUR UNE ROBE DE BOSSUE

Les mesures sont exactement les mêmes. Dessinez votre dos en entier. Si la bosse ne se trouve pas parfaitement au milieu du dos, pour que la couture s'y trouve, je mesure le côté de la bosse depuis la naissance de l'épaule jusqu'au milieu du dos, j'étends cette mesure sur mon patron du dos entier ; je fais un point pour marquer la couture ; ce qui reste se trouvera naturellement l'autre partie du dos, et la bosse sera parfaitement emboîtée, comme la couture parfaitement au milieu du dos.

Si l'on veut arrondir ou effacer la bosse, on se servira du patron pour *taille garnie*, et l'on aura recours au crin de la manière que nous l'avons indiqué.

EMPIÈCEMENT

POUR ROBES, MANTEAUX, CAMISOLES, ETC., ETC.

Pour faire cet empiècement, prenez le patron du dos.

Mesurez en hauteur, depuis le cou, trois parties. Avec la règle, tirez une ligne de cette marque à l'emmanchure.

A cette ligne que vous venez de tirer, échancrez un peu vers l'emmanchure pour éviter les plis.

POUR LE DEVANT

Mesurez en hauteur, depuis le cou, une partie et demie. Avec la règle tirez une ligne, comme vous avez fait pour le dos, et échancrez, vers l'emmanchure, un peu plus que vous ne l'avez fait pour le dos.

Quand on voudra un empiècement qui n'ait pas de couture sur l'épaule, comme cela arrive quelquefois, on rejoindra le patron autour du cou ; alors le rond de l'épaule de la partie du devant qui croise sur le dos devient inutile, et l'on mesure trois parties derrière, et une partie et demie devant ; on tire les deux lignes qui déterminent la grandeur de cette pièce.

Quand on voudra que l'empiècement fasse la pointe devant, on ajoutera à la ligne ce que l'on veut donner à la grandeur. Le tracé se fait en commençant du côté du bras, et l'on vient, en arrondissant, rejoindre la marque où l'on a déterminé la longueur.

NOTA. — Les personnes qui désireront des patrons pour tous les vêtements de dame, d'homme et d'enfant, pour n'importe quel genre, quelle nouveauté, quelle mode, les recevront franco contre un franc cinquante centimes, la pièce, en s'adressant à Mlle Mariette, rue Feydeau, 4, à Paris.

Leçons particulières, 4, rue Feydeau, à Paris.

MARQUES

On les compte en comm...

1. Le tour du bras au poig...
2. Le tour du bras près d...
3. Longueur de la taille...
4. Largeur de la poitrine...
5. Le tour de la taille...
6. Le tour du corps...
7. Longueur du bras...
8. Longueur de la jupe s... de la hanche jusqu'à...
9. Longueur de la jupe pa... de la taille jusqu'à te...
10. Longueur de la jupe p... de la taille jusqu'à te...

PL. 1. — MODÈLE POUR PRENDRE LA MESURE PAR DEVANT.

MESURE

(ar le bout entaillé).

.. Moitié de la mesure.
e. Moitié de la mesure.
.. Mesure entière.
.. Moitié de la mesure.
.. Moitié de la mesure.
.. Moitié de la mesure.
.. Mesure entière.
§,
.. Mesure entière.
e,
.. Mesure entière.
.t,
.. Mesure entière.

Pl. 2. — MODÈLE POUR PRENDRE LA MESURE (DOS).

PL. 3. — TOILETTES D'ENFANTS.

PL. 4. — COSTUMES D'ENFANTS.

PL. 6. — QUATRE COSTUMES DE DAMES.

PL. 6. — QUATRE COSTUMES DE DAMES.

PL. 7. — CINQ COSTUMES ET CONFECTIONS POUR DAMES.

PLANCHE 8. — TOILETTES DE VILLE ET DE SOIRÉE.

Pl. 9. — DEUX TOILETTES.

PL. 10. — DEUX TOILETTES DE DAMES.

PL. 11. — TOILETTES DE VISITES.

PL. 12. — DEUX TOILETTES DE PROMENADE.

PL. 13. — TOILETTES DE DAMES ET D'ENFANTS.

Pl. 14. — TOILETTES DE DAMES ET D'ENFANTS.

PL. 15. — DEUX TOILETTES

PL. 16 bis TOILETTE MARIANI

PL. 16. — CASAQUE DU BARRY.

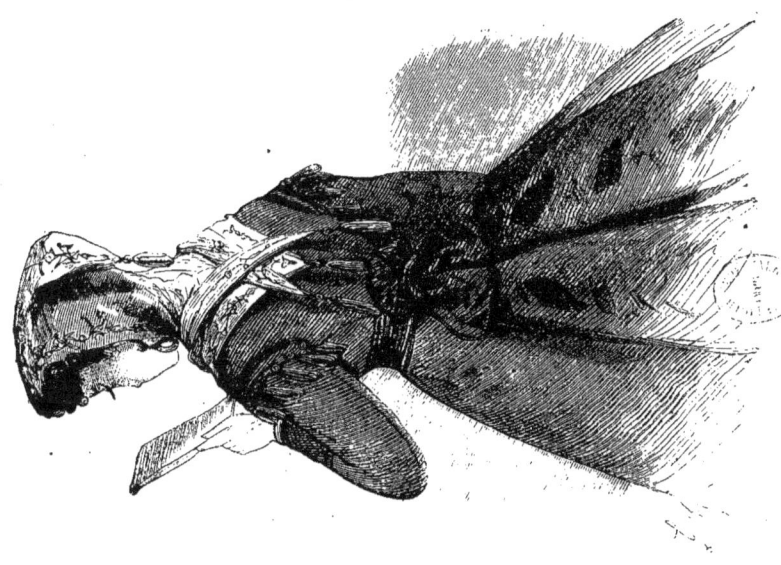

PL. 17 bis CAPELINE RUSSE.

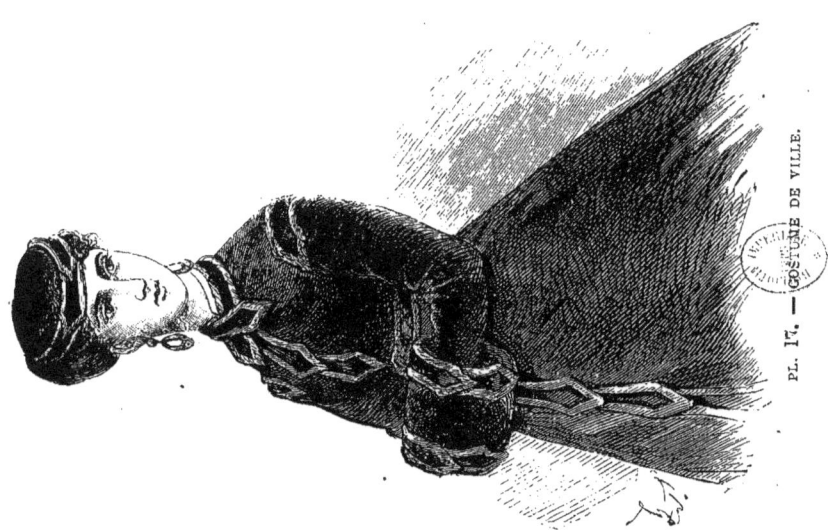

PL. 17. — COSTUME DE VILLE.

PL. 18 bis. — SORTIE DE BAL, VUE PAR DEVANT.

PL. 18. — SORTIE DE BAL, VUE DE DOS.

PL. 19. — ROBE FORME PRINCESSE.

PL. 20. — ROBE PRINCESSE.

PL. 21. — TOILETTE MANCINI.

PL. 21 bis. — TOILETTE DE BAL.

PL. 22. — CORSAGE BERTHE POUR TOILETTE DE JEUNE FILLE.

PL. 22 bis. — CORSAGE DÉCOLLETÉ POUR BAL OU SOIRÉE.

PL. 23 — ROBE ET PARDESSUS PINCE-TAILLE.

PL. 24. — TOILETTES DE DAME ET D'ENFANT.

Pl. 25. — TOILETTES DE CHATEAU.

PL. 26. — DEUX TOILETTES DE VILLE.

PL. 27. — DEUX TOILETTES D'INTÉRIEUR

PL. 28. — TOILETTES DE DAME ET D'ENFANT.

PL. 29 — TOILETTES DE DAME ET D'ENFANT.

PL. 30 — TOILETTES POUR DAME ET PETITE FILLE.

PL. 31. — MATINÉE EN MOUSSELINE ET COSTUME A TRAINE

PL. 32. — DEUX TOILETTES DE CHATEAU.

PL. 33. — COSTUME A BASQUE LANCIER.

PL. 33 bis. — CORSAGE VENDÉENNE.

PL. 34. — COSTUME ESPAGNOL.

PL. 35. — PLANCHE DE LINGERIE.

PL. 36. — PLANCHE DE LINGERIE.

PL. 37. — PLANCHE DE LINGERIE.

PL. 38. — ROBE D'ENFANT.

PL. 38 bis. — ROBE ET PARDESSUS EN PIQUÉ.

PL. 39 — ROBE D'ENFANT.

PL. 39 bis. — ROBE A PETITS VOLANTS.

PL. 40 — PLANCHE DE LINGERIE.

www.ingramcontent.com/pod-product-compliance
Lightning Source LLC
Chambersburg PA
CBHW071928160426
43198CB00011B/1315